그럼에도, 나를 사랑한다

처절한 사랑에 지친 당신

듣고 싶었던 유일한 말

그럼에도, 나를 사랑한다

임서영 지음

시공사

오랜만에 아는 사람을 만날 때면 이상한 마음이 불쑥 올라온다. 적어도 전에 만났을 때보다는 잘 살고 있다는 걸 보여줘야 할 것만 같다. 내면에서 이런 속삭임이 들린다.

'이대로는 부족해! 좀 더 그럴싸한 걸 말해야 해.'

예를 들면 더 좋은 직장으로 옮겼다거나, 승진했다거나, 행복한 연애를 하고 있다거나, 재미있는 취미 생활을 시작했다거나, 하다못해 전보다 더 아름다워지기라도 했어야 한다는 이야기들 말이다. 왜 이대로는 부족할까? 왜 전보다 발전한 인간, 재미있는 얘깃거리를 가진 인간이 되어야 한다고 생각할까? 더 예뻐져야, 직장이 좋아져야, 돈을 많이 벌어야, 성과가 높아져야, 남들에게 도움이라도 돼야 더 괜찮은 인간인 것 같다는 생각이 든다면, 당신은 자신을 조건적으로 사랑하고 있다.

정말 지금 이대로의 나 자신은 그다지도 형편이 없는가? 사랑을 획득하기 위해 끊임없이 자신을 몰아붙이며 살지만, 그곳에 도달해보면 행복은 있던가? 기쁨은 잠깐일 뿐이다. '이대로는 부족하다'는 내면의 외침은 계속된다. 어디를 가도 '이대로는 부족한 인생'이 계속 나를 따라다닌다. 언제까지 이렇게 느끼며 살아야 할까? 그냥 지금 당장, 있는 그대로도 괜찮다고 느끼며 살 수는 없을까? 이 책은 나를 빛내줄 만한 외부의 조건 없이도 스스로 괜찮은 사람이라고 느끼는 법에 대해 이야기하고자 한다.

나를 사랑해주는 사람이 없을 때, 남들이 나를 비판할 때, 목표를 성취하지 못했을 때, 중요한 일에서 실수했을 때, 직장에서 나왔을 때, 외모가 마음에 안 들 때, 내세울 게 하나도 없을 때…. 우리가 부딪히는 삶의 많은 순간에 '그럼에도, 나를 사랑한다'고 말해줄 수만 있다면 무엇이 두려울까? 어떤 순간에도 '그럼에도 불구하고' 나를 사랑한다고 말할 수 있는 인간이 된다고 생각해보라. 세상에 그보다 더 강한 인간이 있을까?

　부드러움이 강함을 이기듯, 이 부드러운 말 한마디가 언제나 당신을 가장 강한 인간으로 만들어주고 안전하게 보호해줄 것이다. "그럼에도, 나를 사랑한다."

2018년 5월

임서영

차례

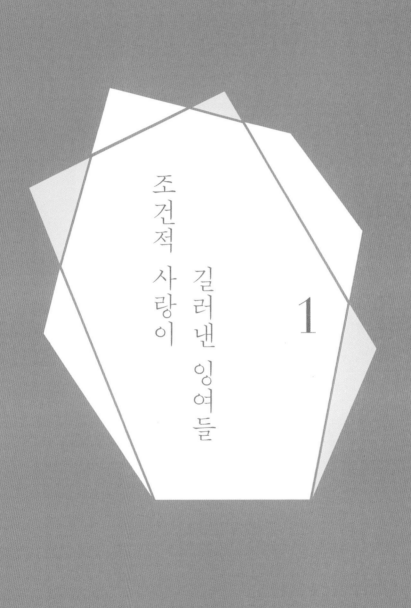

조건적 사랑이 길러낸 잉여들

1

우리는 아무것도 하지 않는 나 자신을
한순간만이라도 있는 그대로 내버려둘 순 없는 걸까?

요즘 뭐하고 지내냐는
질문이 주는 부담감

"요즘 뭐 하고 지내?"

오랜만에 만나게 된 친구가 이런 인사를 건넨다. 이 의례적 인사를 들었을 때 당신은 어떤 기분이 드는가? 떳떳한가? 특별할 것 없는 안부 인사인데도, 이 말은 은밀한 유혹을 느끼게 한다. 이야기의 물꼬를 트는 인사말쯤으로 넘기면 되는 줄 알면서 뭐가 그럴싸한 대답을 덧붙이고 싶은 욕구가 슬쩍 치미는 것이다.

서로 별다를 것 없는 일상을 겪고 있음을 알면서도, 있지도 않은 고상한 취미를 말하거나 의미 있는 일에 몰두하는 '가치 있는' 인간임을 드러내고 싶은 생각이 든다. '학교나 직장을 마치고 돌아와 아무런 생산적인 일도 하지 않고, 친구들을 만나 술 한잔하는 행위조차 없이 산다고 얘기하면 저 사람은 나를 얼마나 한심하게 볼까?' 이런 두려움은 꽤 흔하다.

서로의 안부를 묻는 대수롭지 않은 순간에도 우리는 자신의 행위를 근거로 존재 가치를 입증하고자 하는 유혹을 느낀다. 몰두하고 있는 일이 없다고 말하면 마치 재미없는 인생을 사는 무가치한 인간임을 자백하기라도 하는 듯 씁쓸함이 남는다. 설령 이루 말할 수 없이 무의미한 매일을 살고 있었을지라도, 우리는 아무것도 안 한다고 대답하길 주저한다. 무가치한 인간으로 보이기 싫어서다.

우리는 세상이 결과 아닌 과정에 값을 쳐줄 생각이 없음을 잘 알고 있다. "인생의 의미를 찾느라 방황하는 중"이라는 말은 허황된 포장 같아 입 밖에 내기도 겸연쩍다. 아무것도 하지 않음을 의미 있는 것으로 치환하는 일이 익숙지 않기 때문이다. 무엇을 하는 과정이건 눈에 드러나는 결과가 없으면 잉여 인간으로 전락하기 십상이다. 차라리 스스로 잉여임을 고백하며 방패를 두르는 것이 속 시원할 때도 있다.

그마저도 싫어서 사람들을 만나지 않는 경우도 많다. 아무것도 생산하지 않는 무가치한 잉여인 나 자신으로 다른 사람을 대면하기가 껄끄러워서다. 우리는 결과만 쫓는 타인들이 나를 인정해주지 않을 것이라고 믿는다. 무가치함에 대한 인간의 이러한 근원적 두려움에는 전제가 있다. '아무것도 하지 않는 인간은 가치 없다'라는 전제다. 이런 생각은 어디에서 왔을까? 반대로 행위 하는 인간은 무조건 가치 있는가? 아무것도 안 하는 사람보다 뭐라도 하는 사람이 더 가치 있다는 생각은 어디에서 왔을까?

아무것도 안 하는 인간이 무가치해 보이는 이유

우리는 어릴 때부터 어떤 행위를 한 대가로 칭찬을 들어왔다. 무언가를 해야만 사랑을 받을 수 있다고 느끼게 된 것도 당연하다. 아무것도 하지 않고 그저 존재한다는 이유만으로 사랑받아본 적은 별로 없다. 이런 말을 들어본 적이 있는가?

"아무것도 안 하고 있구나, 참 잘했어."

칭찬 들을 일은 아닌 것 같은데, 비꼬는 건가? 혼란스럽다. 늘 무언가를 했을 때만 인정을 받아왔기 때문에 아무것도 하지 않았을 때 인정을 받는 건 있을 수 없는 일 같다. 아무것도 안 했다고 칭찬을 받는 건 매우 모순적이고 불편할 뿐더러, 조롱당하는 기분마저 들게 한다. '내가 뭘 했다고?' 기억을 거슬러 가보면 태어난 순간에 한 번쯤 이유 없는 찬사를 받았을 수도 있다. "네가 내 아이라니, 아이 예뻐라"라고.

그러나 찰나의 무조건적 사랑을 뒤로 하고, 우리는 늘 조건적인 사랑 속에서 살아야만 했다. 혼자서는 아무것도 할 줄 몰라 전적으로 부모에게 의지해야만 하는 아기였을 때부터 그랬다.

"네 손으로 밥을 떠먹을 수 있게 됐구나, 잘했어!"
"기저귀를 뗐구나, 잘했어!"
"어제는 밤중에 깨서 부모를 괴롭히지 않았구나, 잘했어!"

이처럼 삶이란 조건적 사랑의 연속이었다. 밤중에 아무것도 안하고 조용히 잠들어 있을 때조차, 그 잠든 행위로 인해 타인의 안녕에 도움이 됐기 때문에 사랑을 받았다(물론 잠든 모습이 그저 사랑스러워서 사랑받은 적도 있기는 할 것이다). 조건적 사랑에 길들여진 사람의 사랑에 대한 도식은 다음과 같다.

어떤 행위를 한다는 것 = 사랑을 받을 자격이 있다는 것

태초의 경험이 그러했으니 우리가 무슨 행위를 해야만 사랑받고 인정받을 수 있다고 느끼는 것은 당연하다. 행위를 곧 가치 있음으로 느끼는 것도 어쩌면 당연한 일인지 모른다. 우리는 존재 그 자체의 가치로 인정받지 못하고 행위로 인정받아왔기에, 아무 행위도 하지 않으면 가치가 없다고 느끼게 되어버렸다.

그래서 '아무것도 안 했는데 잘했다고? 그렇게까지 비꼴 건 없잖아?'라는 반응이 자연스럽다. 정도야 다르겠지만 대부분의 인간이 조건적 사랑을 흔하게 경험해왔고 자기 자신마저 조건적으로 판단하는 일에 익숙하다는 것만은 분명한 사실이다. 인간을 잉여로 지칭하는 세태가 이 같은 의식을 보여준다.

아무것도 안 하면
불안해지는 병

우리는 곧잘 아무것도 하지 않는 사람을 '잉여'라는 용어로 폄하한다. 아무것도 하지 않는 사람은 도무지 인정받을 수 없다는 심중이 깔려 있다. 사람에게 '아무짝에도 쓸데가 없고, 어디에도 필요하지 않고 남아도는'이라는 뜻을 가진 수식어가 붙는 게 조금도 어색하지 않게 되어버렸다. 굳이 잉여라고 자칭하지 않아도, 뭔가를 열심히 했을 때는 '오늘 좀 뿌듯한데'라고 느끼지만 아무것도 안 하고 시간을 보냈을 때는 스스로 '쓰레기 같다'고 지칭하기를 서슴지 않는다.

잉여라는 단어는 생산성의 관점에서 인간을 바라본다. 곧 생산하는 인간만이 가치 있다는 전제를 포함한다. 인간이 행위를 생산해내야만 가치 있는 존재라고 여기는 것은 인간을 기계로 환원한 발상이다. 이런 의식은 너무나도 깊숙이 잠재의식 속으로 들어와 있어서, 사람들은 무엇이 잘못됐는지 쉽게 인지하지도 못한다.

"그게 뭐가 잘못됐어? 아무것도 안 했으니 칭찬할 일이 없는 게 당연한 거 아냐? 이유도 없이 '어떤 점'을 인정하라는 거야? 그러면 직업도 찾지 않고, 공부도 하지 않고, 돈도 벌지 않고, 팽팽 놀고만 있는 게으른 인간을 무조건적으로 사랑하기라도 하라는 거야?"

이유 없이, 조건 없이 자신을 사랑하라는 말에 냉소적인 당신은 사실 정상이다. 어떤 면에서는 어릴 때부터 무분별하게 퍼부어진 조건적 사랑의 도식을 아주 잘 학습한 결과라고 할 수 있다.

학습은 인간의 생존에 유리한 능력 중 하나다. 경험을 통해 세상의 이치를 학습하는 능력이 없었다면 인간은 벌써 도태되었을 것이다. 같은 이유로 '무조건적으로 자신을 사랑하라'고 외치는 사람들이 대책 없고 세상물정 모르는 사람처럼 느껴지는 것도 당연하다.

출중한 학습 능력 덕분에, 대부분의 사람들은 어떤 행위를 해야만 인정받을 자격이 있음을 성실하게 학습했다. 무슨 일을 하고 있는가, 아닌가는 우리 자신의 가치를 판단하는 기준이 되어버렸다. 뭔가를 하고 있는 나는 가치 있고, 하지 않는 나는 가치가 없다. 내가 뭔가를 하고 있는 곳이 '이름 있는 곳'이라면 더할 나위 없이 좋다. 심지어는 누가 보지 않을 때도 가만히 있는 것을 견디지 못하는 사람도 많다. 자신이 무가치하게 느껴지는 순간을 잠시도 견딜 수가 없는 것이다.

아무것도 안 하고 있으면 소중한 시간을 낭비하는 스스로가 한심하게 느껴진다. 내가 의미 없이 흘려보내는 순간에 최선을 다해 목표로 달려가는 사람이 떠오를 때면 더욱 그렇다. 아무것도 안 하면 불안해지는 현상은 이미 현대인에게 흔한 심리적 지병이 되어버렸다. 우리는 무엇이 되어야만 하고, 무엇을 해야만 한다고 끊임없이 자신을 다그친다. 무엇이 되어야만, 무언가를 해야만 가치 있다고 여기는 것, 그것이 곧 조건적 사랑이고 조건적 인정이다. 우리는 아무것도 하지 않는 나 자신을 한순간만이라도 있는 그대로 내버려둘 순 없는 걸까?

아무 의미 있는 일도 하지 않고 시간을 보내면서, 어떤 죄책감도 느끼지 않고 그 시간을 견딜 수 있는 사람은 그다지 많지 않다. 조건적 사랑에 길들여진 사람에게 아무것도 하지 않는 것은 곧 나 자신의 무가치함을 증명하는 일이기 때문이다.

인간은 행위나 조건과는 무관한 존재다. 그럼에도 불구하고 끊임없이 조건이 곧 자신이라고 믿으며 살고 있다. 외모나 학벌, 직업 따위가 개인의 정체성과 자존감을 좌우하기도 한다. 하지만 우리가 가장 우리 자신이라고 믿는 신체, 외모조차도 우리의 전부는 아니다.

인간은 자신이 아닌 것을 보고 자신이라고 믿으며 자라왔다. 또한 자신을 사랑하기 위해 끊임없이 이유를 찾아야 했다. 성적, 수입, 외모…. 그게 아니라면 타인을 기쁘게 할 만한 성격적 특성이라도 있어야 자신을 사랑할 수 있었다. '이 정도면 괜찮다'고 느낄 만한 이유라도 찾지 못하면 사랑하기가 힘들었다. 태어나서 자라는 동안 경험해온 사랑이 조건적 사랑이었기 때문이다.

조건적 사랑은 우리의 삶에 다양한 악영향을 미친다. 먼저 자신의 자기애가 조건적인지, 무조건적인지 구분해보자.

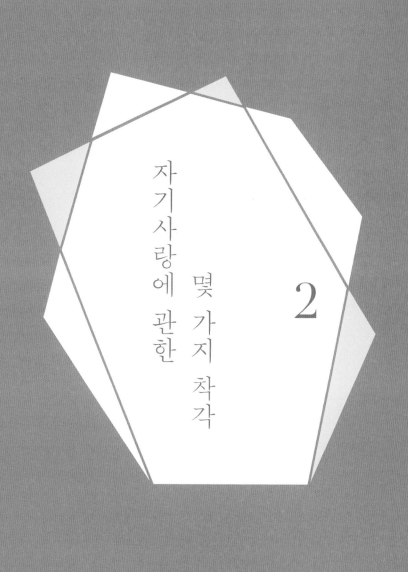

자기사랑에 관한   몇 가지 착각

2

내가 좋아하는 나의 모든 조건을 제외하고서도
나 자신을 사랑할 수 있는가?

**조건적 사랑과
무조건적 사랑 구분하기**

자신의 자기사랑이 조건적인지 무조건적인지 구분하기 위해서는 스스로에게 이런 질문을 던져볼 수 있다.

"자기 자신을 사랑하는가?"

이 질문에 대한 대답은 여러 가지가 있을 것이다.

1. 아주 사랑한다.
2. 그럭저럭 사랑하는 것 같다.
3. 사랑하지 않는다.
4. 결코 사랑하지 않는다.

만약 운 좋게도 자신을 사랑한다고 믿는다면, 다음 질문에 답해보라.

"자기 자신을 왜 사랑하는가?"

나는 나를 사랑하긴 하는 것 같은데, 왜 사랑할까? 외모가 멋져서, 능력이 좋아서, 돈을 잘 벌어서, 몸매가 좋아서, 공부를 잘해서, 성격이 좋아서…. 그 모든 것들은 '조건'이다. 당신은 진짜 자신을 사랑하는 것이 맞는가?

인간은 대체로 자신을 외적인 조건과 동일시한다. 즉 나의 외모, 몸매, 학벌, 재력, 집안 등을 나 자신이라고 생각한다는 것이다. "자신을 사랑하는가?"라는 질문 앞에서 사람들은 자신의 이런 조건들을 가장 먼저 떠올린다. 자신의 외모나 학벌이나 직업 중 하나라도 마음에 드는 게 있다면 자신을 사랑한다고 대답할 가능성이 크다. 아마 내세울 것이 하나도 없다고 느낀다면, 자신을 사랑하지 않는다고 대답하기 쉽다.

그런 자기사랑은 '진짜 나 자신'에 대한 사랑이라기보다는, 내 외적 조건에 대한 사랑이다. 이것은 아무리 외적 조건(직업, 연인, 옷 등)을 갈아치워도 내면의 무의미한 느낌이 해소되지 않는 증상과 관련이 있다. 이런 경우는 아주 흔하다. 자격지심을 메우기 위해 끊임없이 더 높은 지위로 자신을 몰아붙이고, 나를 더 많이 사랑해줄 사람이 필요하다며 연인을 갈아치우고, 부족한 자존감을 덮기 위해 과도하게 치장한다. 하지만 그런 방식으로는 마음 한구석의 구멍이 메워지지 않았을 것이다.

외적 변화가 내면의 느낌까지 영원히 변화시킬 거라는 믿음은 인간의 흔한 착각 중 하나다. 외적 조건의 변화로 고양된 기분은 영구히 유지되지 않는다. 생물학적으로 정해진 호르몬값은 항상 비슷한 수준으로 유지되려는 성질이 있기 때문이다. 호르몬의 타고난 기본값이 '불안'인 사람은 외부 조건이 변한다 해도 잠깐 기분이 고양될 뿐 금세 불안한 상태로 돌아온다. 기본값이 '우울'인 사람은 다시 우울로 돌아오고 만다. 평소 우울감이 높은 사람은 복권에 당첨되어도 결국엔 우울한 정서로 살아갈 확률이 높다는 것이다. 외적 조건을 바꾸면 내면의 행복이 커지리라 기대하면서 더 근사한 외적 조건을 획득하기 위해 끊임없이 투쟁하지만, 막상 원했던 그곳에 가보면 뭔가 빠진 게 있다고 느끼게 되는 이유다. 이 마음의 구멍은 왜, 언제부터 생긴 것일까.

결핍감을 느끼는 부분은 사람마다 다르다. 누군가는 좋은 학벌만 갖는다면 이 공허한 마음이 해소될 거라고 믿고, 누군가는 눈이 조금만 예뻐지면 모든 게 완벽해질 거라고 믿고, 누군가는 나를 잘 알아주는 연인만 만나면 모두 다 채워진 느낌을 받을 거라고 믿는다. 즉 학벌, 눈, 연인 등의 외부 조건이 변해야 자기 내면의 결핍감을 해결해줄 거라고 믿는다.

그러나 이 경우에 진짜 원하는 건 '외부의 그것'이 아니라 그것들이 채워줄 수 있는 감정이다. '지금 모든 것이 완벽하다'는 느낌 말이다. 외적 변화가 그 완벽하다는 느낌을 가져다줄 수 있다고 믿는다면 착각이다. 자신에 대한 내면의 느낌은 사실상 외적 조건과 아무런 상관이 없다. 예쁜 눈을 갖게 된다고 해도 완벽함을 갈구하는 내면의 느낌과 습관은 그대로 남아 있을 수밖에 없다. 더 좋은 조건들을 획득하는 것은 내면의 상처는 그대로 내버려두고 끊임없이 옷만 바꿔 입는 것과 같다. 겉으로는 근사해진 것 같지만 상처가 그대로 남아 있다는 것을 스스로가 가장 잘 안다.

대체로 나 자신에 대한 진짜 느낌은 외적 조건으로 한 꺼풀 가려져 있다. 자신에 대해 어떻게 느끼느냐고 물으면, 대체로 자신의 외적 조건에 대한 느낌을 말한다는 뜻이다. 그렇다면 모든 외적 조건을 벗겨낸 나 자신에 대해서는 어떻게 느끼는가? 직업, 학벌, 외모, 친화력 있는 성격, 미적 감각 등 내가 좋아하는 나의 모든 조건을 제외하고서도 나는 나 자신을 사랑할 수 있는가?

모든 조건과 껍데기를 벗겨낸 벌거벗은 나 자신에 대해 어떻게 느끼는지 생각해보라. 만약 아무 조건을 입지 않은 벌거벗은 자신조차 사랑스럽다고 느낀다면(당신은 행운아다. 축하한다), 무조건적으로 자신을 사랑하는 것이다. 그러나 곰곰이 잘 생각해보아야 한다. 첫 대답은 방어적이기 쉽다. 스스로를 혐오한다고 공공연히 말하고 다니는 염세적인 사람을 제외하고는 대체로 "그래도 나를 사랑한다"고 말할 것이기 때문이다.

자신에 대한 진짜 느낌에 접근하기가 어렵다면, "나는 왜 나의 외모나 학벌, 명성, 수입을 지켜야 한다고 믿는가?"로 질문을 바꿔볼 수 있다. 내 인생에서 내가 중요하다고 여기는 조건들을 반드시 사수해야 하는 이유가 무엇인가?

다양한 대답이 나올 수 있다. 외모 말고는 별로 내세울 게 없기 때문에, 이 학벌이라도 있어야 좀 떳떳할 수 있기 때문에 등등. 이 경우에 진짜 나에 대한 느낌은 '내세울 것이 없는 무엇, 떳떳하지 못한 무엇, 자격이 없는 무엇'이라고 할 수 있다. 학벌, 외모, 성격, 능력, 수입 등 모든 조건을 내려놓은 있는 그대로의 나는 보잘것없고 의미 없다고 느낀다면, 자신을 조건적으로 사랑하고 있는 것이다. 그리고 무의미함과 공허감의 문제를 겪고 있을 가능성이 크다. 인생 전반이 무의미하다고 느낀다면 이것은 자신에 대한 진짜 느낌, 곧 자기사랑의 문제와 관련이 있다.

조건적인 사랑은
왜 인간을 불행하게 만드는가

자신을 사랑한다고 믿는 사람조차, 알고 보면 자신을 조건적으로 사랑하고 있었을 가능성이 크다. 우리는 모든 조건을 벗겨낸 우리 자신의 어떤 점을 사랑해야 하는지 잘 모른다. 조건적인 사랑은 어떻게 우리를 불행하게 만드는 걸까?

자신의 조건들을 사랑하는 것이 무조건 나쁘지는 않다. 다만 조건의 변화에 따라 자존감이 크게 흔들린다면, 그것은 완충 역할을 제대로 해주지 못하는 가짜 자존감이다. 조건적 사랑을 하고 있다면 어떤 식으로든 조건에 의존하며 살고 있다는 뜻이다. 조건에 의존한 사랑은 언제고 깨어질 수 있는 위태로운 사랑이다. 이런 경우 자기애는 외부 조건에 따라 사정없이 흔들릴 수 있다.

만약 잘생겨서, 또는 예뻐서 스스로를 사랑한다면 타인이 외모에 대해 지적하는 순간 자기애의 기반이 흔들린다. "오늘 피부 왜 그래?"라는 지적이 곧장 나는 가치가 없다는 생각('나 진짜 잘난 게 없는 사람 같아…')으로 귀결될 수 있다. 사고의 비약 같지만 우리의 뇌가 언제나 논리적으로만 작동하는 건 아니다. 우리가 조금 더 자동적이고 조건반사적인 사고를 늦추고 중립적으로 생각할 수 있다면 세상의 많은 오해와 갈등이 사라질 것이다.

어쨌든 외모와 자기가치를 동일시하는 사람은 자기애의 근간을 깨지 않기 위해 외모 가꾸기에 몰입할 것이다. 만약 머리가 좋고 유능해서 자신을 좋아한다면, 일에서 실수하는 순간 자기애가 위협받는다. 일에 오점이 생기면 자신이 가치 없다는 뜻이 되기 때문에 한 치의 오차도 생기지 않도록 자신을 끊임없이 몰아붙이게 된다. 사랑해주는 연인이 있어 내가 가치 있다고 느낀다면, 그 연인이 떠나가는 순간 자기애는 설 자리가 없다.

자존감을 보호하기 위해 끊임없이 자기애의 근원을 가꾸고 지킨다고 하더라도 조건적인 자기애는 바람 앞의 등불처럼 위태롭다. 조건은 언제든지 변할 수 있는 것이기 때문이다. 조건에 기반을 둔 자기애는 자기사랑이라기보다는 내가 지키고자 하는, 지켜야만 살아남는다고 믿는 자기상이다. 이런 모습을 유지하는 내가 좋고 이런 모습을 유지해야만 사랑해줄 것이라는 무언의 약속이다.

그렇다면 변하지 않는 것은 무엇인가? 내가 좋아하는 조건들을 다 떼어내 버린다면 내게는 무엇이 남는가? 나는 도대체 무엇을 사랑해야 하는가? 나 자신을 사랑한다고 할 때, 나는 무엇을 사랑하고 있는 것인가?

'진짜 나'는
대체 무엇인가?

'진짜 나를 알면 속았다고 생각할 거야. 내 실체를 알면 떠나갈걸.'

이런 생각을 하는 사람들이 있다. 타인들이 외모, 성과 등에 대해 칭찬할 때 보이는 반응으로는 어울리지 않는다. 이들이 말하는 진짜 나는 뭘까? 이 말 속에서의 진짜 나는 자신의 외모도, 성격도, 성취도 아니다. '사랑받지 못할 만한, 절대 사랑받을 수 없는 실체'다.

자신에 대해 이런 신념을 가지고 있는 이상, 당연히 문제 많은 나를 가리기 위해 높은 성적을 올리고 좋은 학벌을 가지고 외모를 치장하려고 죽도록 투쟁하게 된다. 그렇게 하는 과정에서 느끼는 끝없는 공허감은 덤이다. 당신의 진짜 나를 상징하는 핵심적 감정은 무엇인가? 버림받아야 마땅한 무엇? 성공할 자격이 없는 무엇? 역시 행복해질 리가 없는 무엇?

과거에 나를 가장 잘 보여주는 것은 '내 감정'이었다. 내가 느끼는 날것 그대로의 감정이 곧 나였다. 이것은 가장 원시적인 뇌인 편도체가 감정을 담당하고 있다는 사실과 관련이 있다. 진화하면서 고도화된 지성을 상징하는 전두엽이 각광받는 동안, 감정을 담당하는 편도체는 뒷방 늙은이로 전락했다. 아무래도 감정이란 건 첨단 과학 시대를 사는 지성적인 인간에겐 어울리지 않는 것 같다. '감정적'이라는 말이 주는 부정적 어감 역시 인간이 감정에게 부여하는 부정적 인식을 잘 보여준다. 아주 오래전, 원시 시대에는 생존을 좌우했던 감정이 이제는 비이성적인 것, 억눌러야만 하는 것으로 치부되고 있다.

사회에서 높은 성과를 올리고 있는 사람일수록 감정을 폄하하기 쉽다. 경쟁사회를 살아가는 데 감정만큼 불필요하고 미개한 것이 또 있을까? 감정적으로 행동하면 일에 차질이 생긴다. 감정적으로 나오는 사람은 어쩐지 미숙해 보이기까지 한다. 사회적 상황에서 객관적인 기준 없이 이리저리 방황하는 감정은 판단을 내리는 기준이 되지 못한다. 넋 놓고 있다간 코가 베이고 말 세상에서, 감정적으로 나가다가는 생존 경쟁에서 도태되어 버리고 말 것이다.

흥미롭게도 원시 시대에는 오로지 감정에 따라 판단을 내리는 것이 생존에 유리했다. 사냥을 나가 맹수와 마주치는 일이 잦았던 과거의 인간에게는 오로지 내면에서 울리는 경보, 곧 느낌과 감정에 따라 움직이는 게 도움이 됐다. 자신을 지킬 도구가 충분히 발달되지 않은 시대였으니 논리에 입각해 지금 상황이 위험한지 아닌지를 따져본 다음 움직였더라면 아마 인류는 벌써 생존 경쟁에서 도태되어 멸종했을 것이다. 인간이 논리적으로 판단을 내리는 동안 차분히 기다려줄 배고픈 맹수는 없기 때문이다. 따라서 '지금 위험해!'라는 느낌, 즉 감정은 철저히 생존에 유리한 판단을 내릴 수 있게 도와주는 도구였고, 어떤 상황에 처했을 때 즉각적으로 느끼는 감정이 곧 나 자신이었다.

그러나 인간이 진화하면서 생존 그 자체로 내몰리는 상황이 줄어들었기 때문일까. 중요한 결정을 내릴 때 왠지 느낌이 좋다거나 안 좋다는 이유만으로 결정을 내렸다간 덜떨어진 사람이라는 소리나 듣기 딱 좋다. "그 중요한 걸 느낌 때문에 결정했다고? 시간, 상황, 가능성, 장단점, 그 모든 눈에 보이는 정보들을 객관적으로 따져봤어야지!"라는 주위의 반응이 벌써 들리지 않는가? 다음의 대화를 보자.

"저 다니던 대기업 때려치우고 1년 동안 배낭여행 하기로 결정했어요."

"왜?"

"그냥 그러고 싶어서요."

엄청난 일을 저질러놓고 '그냥 그러고 싶었다'고 대답했다가는 이성적인 사람들에게 등짝을 맞기 딱 좋다. 등짝을 때리지 않는다 해도 겉으로는 "휘우, 대단하시네요."라고 대충 얼버무리고 속으로는 이렇게 생각할 것이다. '대책 없는 사람이네. 생각이 있는 거야?' 그러니 적어도 다른 사람들의 눈에 대책 없고 미래가 보이지 않는 사람으로 전락하지 않으려면 그저 느낌이 아닌 그럴듯한 이유를 만들어내기라도 해야 한다.

"이 일이 저하고 맞지 않는다는 결론이 나와서, 여행을 다니면서 제 미래를 고민해보기로 했어요."

이 정도면 괜찮은 답이 될까. 물론 이 답안조차도 이성적인 사람들이 원하는 완벽한 정답은 아니다. 이성적인 사람들은 이렇게 말할 것이다. "대기업 일이 안 맞으면, 어떤 일이 맞는지 결론을 내린 다음에 회사를 그만뒀어야지!"

공백을
허용하지 않는 사회

우리 사회는 공백을 허용하지 않는다. 무엇에서 무엇으로 변모하는 사이의 시간을 인정하지 않는다. 나비가 되기 전 번데기로 움츠리고 있는 순간은 아무것도 안 하는 무가치한 시간일 뿐이다. 다음이 되기 위해 준비하는 시간은 이력이 될 수 없다.

이력서에는 결코 과정을 쓸 수 없다. 시험공부를 하고, 취직 준비를 하며 보냈던 시간은 '아무것도 안 했던 시간'과 동의어다. 무언가가 되려고 준비했던 시간이 의미 있었는지 아닌지는 오로지 결과가 결정한다. 준비했던 시험에 붙었다면, 합격이라는 결과 한 줄이 이력서에 오름으로써 그 시간이 의미 있었다는 결론이 지어진다. 그러나만약 시험에 떨어졌다면 이력서에는 단 한 줄도 쓸 수 없다. 몇 년도부터 몇 년도까지 '시험공부 했음'이라고 적었다가는 "이걸 왜 적었어요? 결국 떨어졌단 소리 아니에요."라는 소리나 듣고 말 것이다.

투쟁의 과정만으로는 결코 인정받지 못한다. 결과가 없는 과정은 오로지 공백일 뿐이다. 그래서 아무 성과를 얻지 못한 과정에 대해서는 의미 있어 보이는 뭔가를 했다고 둘러댈 준비마저 해두는 것이 현실이다. 오로지 타인에게 한심해 보이지 않기 위해서다.

공백을 허용하지 않는 사회에서 우리는 끊임없이 공백을 메우고자 한다. 공백이 대체 무엇이기에, 공백을 인정하기를 두려워하는가? 다시 처음의 이야기로 돌아왔다. 공백은 곧 무가치함이다. 아무것도 안 한 시간은 무가치한 시간이고, 행위는 곧 가치 있음이다. 인간은 잠시 아무것도 안 하고 침대에 누워 멍하니 천장을 보는 시간조차 죄책감을 느끼게 되었다. 그렇다면 행위를 하는 모든 사람은 가치 있는가?

아무것도 안 하는 것보다는 하다못해 방 청소라도 해야 자신이 덜 한심하게 느껴진다. 정말로 방 청소를 한 우리는 아무것도 안 한 우리보다 더 가치 있는 사람인가? 물론 행위는 고귀한 일이다. 어떤 행위에 온전히 집중하는 것은 현재에 머물 수 있는 가장 좋은 방법이며 경미한 우울증의 해결책이 되기도 한다. 문제는 어떤 행위에 온전히 집중하는 것이 순수한 기쁨을 누리는 방법이긴 하지만, 행위가 우리를 더 가치 있는 인간으로 만들어주지는 않는다는 것이다.

인간의 가치는 특별한 행위를 통해 생겨나는 것이 아니라 내면에 존재한다. 열심히 시험공부를 해야, 쉼 없이 꿈을 향해 내달려야, 하다못해 방 청소라도 해야만 가치 있는 인간이 되는 것은 아니라는 뜻이다. 그럼에도 행위를 해야만 스스로 가치 있다고 느끼게 된 것은 조건적인 사랑에 너무 익숙한 사회에서 살아왔기 때문인지도 모른다.

우리는 아주 어릴 때부터 어떤 행위를 해야만 칭찬을 받는 조건적인 사랑에 길들여져 왔고, 행위를 해야만 자신이 가치 있다고 믿게 되었기 때문에 아무것도 안 하는 무가치한 자신을 견딜 수 없게 되었다. 오로지 무가치한 인간이 되지 않기 위해 공백을 메워야만 하는 사회에서 내 느낌, 내 감정이 끼어들 여지는 없다. 힘에 부친다 거나, 쉬고 싶다거나, 슬프다는 감정이 올라와도 우리는 끊임없이 자신의 감정을 무시하고 눌러둔다. 내 느낌이 끼어들 여지가 없다 는 것은 '진짜 나'가 뒷전으로 밀려났다는 뜻이다.

내 삶에 끼어들지 못하고 억압된 '진짜 나'는 도대체 어디로 갔는 가? 내가 나 자신의 가치를 증명하느라 행위의 의미도 모르고 행위 하는 동안, 진짜 나는 어디로 갔는가? 억눌린 감정에 귀를 기울이 면, 감정은 아마 이렇게 대답할지도 모른다.

> "더 이상 내 가치를 입증하기 위해, 눈에 보이는 결과물을 만들어내 기 위해 투쟁하는 건 지긋지긋해!"

이 느낌은 진짜 나다. 이 말은 조건적인 사랑엔 질렸다는 뜻이며, 이제는 무조건적인 사랑을 원한다는 뜻이다. 자신의 가치를 입증하 려 노력하지 않아도, 지치도록 노력하지 않아도 그저 있는 그대로 사랑받고 싶다는 뜻이다. 우리 모두는 무조건적인 사랑을 원한다. 우리의 모든 행위가 사실은 무조건적인 사랑을 갈구하는 표현이다. 분노하는 사람, 알콜 중독인 사람, 짜증 내는 사람, 혐오하는 사람, 무기력한 사람, 누구나 내면은 똑같은 말을 외치고 있다. '제발 나를 그냥 좀 사랑해주세요.' 라고.

우리의 목적은 아무것도 하지 않는 나를 정당화하는 것이 아니다. 화려한 옷으로 덮어 상처를 가려왔던 과거를 뒤로하고, 상처를 직접 마주하며 연고를 바르는 과정을 시작하는 것이다. 여기서 상처는 곧 자기 정체성에 대한 진짜 느낌(이대로의 나는 자격 없다는 느낌, 패배자라는 느낌, 부족하다는 느낌 등)이고, 화려한 옷은 학벌, 외모 등의 조건을 의미한다. 자신의 가치를 외부 조건이나 행위에서 찾는 것이 인간을 불행하게 만든다는 사실을 기억해야 한다. 자신의 내면에서 가치를 찾지 못하면, 끝내 고리를 끊을 수 없는 고통이 반복된다.

타인이 끊임없이 가하는 조건적 판단의 홍수 속에서 갈피를 잡기가 쉽지 않다는 것보다 더 큰 문제는, 스스로조차 조건을 제외한 자신의 어떤 면을 사랑해야 하는지 모른다는 것이다. 나에 대한 근원적인 느낌을 파악해 나의 모든 면을 하나로 통합할 수 있다면 외부 조건만 갈아치울 때보다 더 빠르고 근본적으로 고통이 치유될 것이다. 그 첫걸음은 억압된 감정을 제대로 다루는 일이다.

감정이 억압된 사회,
감정을 해방하라

사회에서 성공하기에는 감정보다 이성이 확실히 더 '쓸모 있어' 보인다. 옳고 그름에 따라 판단하는 것이 좋고 나쁨에 따라 판단하는 것보다는 훨씬 합리적이지 않은가? 심지어 감정을 다룬다는 책을 읽는 것이 엉뚱하게 느껴질 정도다. 살기 힘들어 죽겠는데 내 감정 따위가 뭐 그리 중요하단 말인가? 오로지 생존과 성공을 위해 내달리는 동안 감정은 깊숙이 묻혀 자물쇠가 걸리고 말았다.

감정은 불편하다. 확실히 부정적인 감정을 품는 것은 기분 좋은 일이 아니다. 갈등을 다루는 법을 몰라서 외면하고, 아무 일도 없었던 듯 억누르고, 심지어 감정을 다그친다. '빨리 풀어야 하는데…' 하는 생각에 초조함마저 느껴진다. 마음은 아직도 더 슬퍼하고 분노하고 싶은데, 감정보다는 다른 것을 우선순위로 생각하는 것이다. 내가 더 화를 내면 일을 그르칠까 봐, 상대방이 완전히 돌아설까 봐, 나한테 질릴까 봐…. 이유는 다양하다. 당신이라는 사람을 아주 잘 드러내주는 감정은 언제나 불청객 취급을 받아왔다.

그럴 때, 그 순간의 불편함과 함께 있어보라. 감정이 올라올 때마다 목을 베어버리는 것이 아니라 이 순간의 우울함, 두려움, 분노와 함께 있겠다고 결심해보는 것이다. 감정을 억압하는 사회, 감정이 억압된 개인, 그것이 어쩌면 모든 문제의 유일한 원인인지도 모른다. 우리 안의 억눌린 감정을 해방시킬 때, 막혀 있던 모든 것이 제자리를 찾게 될 것이다. 모든 일이 잘되고 있는 와중에 느끼는 무의미함이며, 우울감이며, 무기력함까지도.

결국 우리는 나를 포장하고 있던 모든 조건을 떼어냈을 때도 자신이 가치 있음을 깨달을 수 있어야 한다. 그러한 경지를 위해 먼저 통과해야 할 질문들이 있다. 어떤 경우에도 나를 사랑할 수 있는가? 내가 가장 무능하고, 내가 가장 아름답지 않고, 내가 가장 초라할 때도 나를 사랑할 수 있는가? 내가 잘할 때만, 멋질 때만 사랑하는 것이 아니라 못할 때도, 못났을 때도 사랑스럽다는 사실을 믿을 수 있는가?

　이 불가능하고 터무니없어 보이는 경지에 우리가 끊임없이 문을 두드릴 때, 억눌린 감정은 해방되고 인생을 가로막던 무의미와 결핍감이 해소될 수 있다.

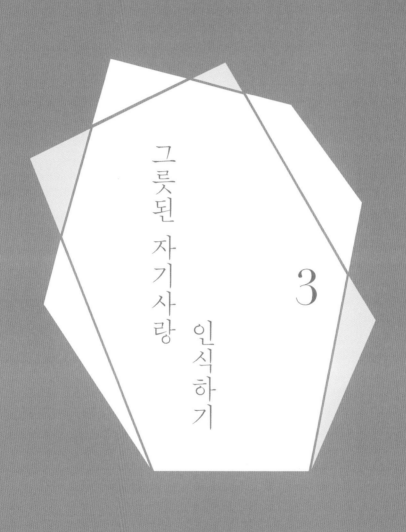

그릇된 자기사랑 인식하기

3

자신에게 줬던 사랑이 그릇되었음을 깨닫는 데서
진정한 자기사랑은 시작된다.

스스로를 몰아붙이는
조건부 사랑 인식하기

우리의 자기사랑은 대부분 조건부다. 하지만 자신을 뒤흔
드는 문제가 오기 전에는 스스로 그 사실을 깨닫지 못한다. 뭔가를
잘해서, 외모가 멋져서, 어떤 장점이 있어서 스스로를 사랑한다는
사실을 우리는 모르고 있다. 잘하던 것을 못하게 됐을 때, 외모에
문제가 생겼을 때, 내세울 게 하나도 없어졌을 때 어떻게 스스로를
사랑해야 하는지 알지 못한다.

그래서 우리는 끊임없이 더 잘해야 하고, 남들 보기에 더 좋은 직
업을 가져야 하고, 더 많은 돈을 벌어야 하고, 더 좋은 집을 사야 한
다고 자신을 몰아붙인다. 조건부 사랑으로 점철된 사회에서 자라
온 사람들이 스스로를 조건적으로 사랑하게 된 것은 당연한 귀결
인지도 모른다.

"무조건적으로 자신을 사랑하라."

　이 말은 현대 사회에서 공허한 긍정주의로 들린다. 도대체 무조건적인 사랑이 무엇인지 체험해본 적이 없기 때문이다. 험한 세상에서 살아남기에는 적당히 비관적인 쪽이 훨씬 나을 수도 있다. 그러나 뿌리 깊은 공허함을 참을 수 없다면, 화려한 조건을 휘감은 외피를 뚫고 내면으로 들어가야만 한다.

　사랑이 필요하다는 느낌이 들 때 외부 조건이나 타인의 인정을 받으려 애쓰는 것보다 훨씬 근본적인 해답은, 나에게 스스로 사랑을 주는 법을 배우는 것이다. 배우지 않고서는 어떻게 나에게 사랑을 주어야 하는지 알지 못한다. 한 번도 제대로 사랑을 주는 법을 배워본 적이 없고 오히려 그릇되게 사랑을 주는 방식에 오염되어 있기 때문이다.

　거울 앞에서 "○○야, 사랑해."라고 되뇐다고 해서 갑자기 우리가 스스로를 사랑하게 되지는 않는다. 한 번도 제대로 사랑해준 적이 없는 우리 자신을, 고작 그 한마디로 감동시킬 수는 없다. 태어난 이래 수십 년간 학대하고 몰아붙여 온 자신에게 뜬금없이 사랑한다고 말하는 것처럼 어색한 일도 없다. 소름이 돋거나, 저항감이 들거나, 믿지 않는다는 말이 속에서 불길처럼 치솟는 것도 당연한 현상이다.

사랑을 주는 방식이
잘못됐다고?

자신에게 줬던 사랑이 그릇된 사랑이었음을 깨닫는 데서 진정한 자기사랑은 시작된다. 거울 앞에서 대뜸 사랑한다고 말하는 것도, 자신을 사랑할 만한 이유 목록을 만드는 것도 효과적인 접근법이 아니다. 나에 대한 '진짜' 느낌은 내가 가진 장점보다 내가 외면해왔던 단점과 더 큰 상관이 있기 때문이다.

심리학자 칼 구스타브 융Carl Gustav Jung은 개인이 부정하고 억압하는 자기 성격의 일부분을 '그림자'라고 명명했다. 모든 사람에게는 성격의 어두운 측면인 그림자가 존재한다. 그림자는 성장과정에서 부모나 주변의 평가를 받으며 자아 뒤로 숨는다. 허술함, 나약함, 의존성, 게으름 등 자신이 타고난 성격과 기질에 대해 부정적 평가를 듣고 자란 사람은 사랑받기 위해서 그 부분을 숨겨야 한다고 믿게 된다.

이렇게 내면에 '들키면 결코 사랑받을 수 없는 자질'을 가득 숨긴 사람들은 아무리 외적 조건을 갖춰도 끝내 자신을 사랑할 수가 없다. 그들이 생각하는 자신의 실체는 화려한 외피가 아니라 꽁꽁 숨겨둔 바로 그 부분이기 때문이다.

결국 우리가 해야 할 일은 자신의 장점을 찾아내어 사랑해주는 일이 아니라, 자신이 외면하고 미워해왔던 내 성격의 일부를 직면하는 일이다.

"난 장점이 이렇게나 많아"
그래서 뭐?

나에게 장점이 많다면, 그것이 내가 사랑받을 만한 이유가 되는가? 자신이 사랑받아야 할 이유를 목록으로 적다 보면 아주 잠깐은 그런 생각이 들 수도 있다.

'나는 일을 잘해. 나는 누가 들어도 부러워할 학벌을 가지고 있어. 나는 성격이 좋아. 난 공부는 못했지만 미적 감각은 있어…'

그래서 어떻다는 말인가? 만약에 남들보다 뛰어나게 잘하는 것이 하나도 없고, 학벌도 집안도 내세울 게 없다면, 심지어 성격까지 더럽기 그지없다면 사랑받을 가치가 없는 것인가? 정말 사랑받을 만한 이유를 찾지 못해서 몸이 튼튼하고 건강하다는 이유라도 꾸역꾸역 찾아냈다면, 몸이 튼튼하지 않은 사람들은 사랑받을 가치가 없는 것인가?

자신의 장점을 찾는 것이 제대로 된 자기사랑의 방법이 아닌 이유는, 그러는 동안 자신의 부족한 부분은 외면해버리기 쉽기 때문이다. 나의 장점을 찾아서 사랑하는 것은, 사랑받는 데 어떤 이유가 반드시 필요하다는 생각을 공고히 한다. 우리의 가장 큰 착각이 그것이다.

내가 뭔가를 잘해서 나를 좋아한다면, 잘하지 않는 나는 사랑하지 않을 것인가? 다시 태어나지 않는 이상 지금 잘하는 건 꾸준히 잘할 것이기 때문에 그런 건 고민할 필요가 없다고? 다시 말하지만 외적 조건은 상황에 따라 얼마든지 달라질 수 있다. 살다 보면 나보다 뭔가를 월등하게 잘하는 사람은 언제든지 만날 수 있다. 뛰어난 사람이 등장해서 내 재능이 보잘것없어진다면, 그때는 무슨 이유로 나를 계속 사랑할 것인가? 장점에 집착하는, 이유가 필요한 자기사랑은 진정한 자기사랑이 아니다.

이것이 자기사랑의 맹점이다. 아마도 자기사랑에는 이유가 필요 없다는 말을 듣기 전에는 스스로를 진정으로 사랑한다고 믿는 사람도 많았을 것이다. 이성에게 인기가 있기 때문에, 일을 잘하기 때문에, 외모가 멋지기 때문에 나는 내가 너무 좋다고, 나는 사랑받기에 충분한 사람이라고 말이다.

그러나 머리가 좋든 나쁘든, 성격이 좋든 나쁘든 우리는 사랑받아야 했다. 자존감에 타격을 입을 때마다 눈에 보이는 장점을 찾으며 자존감을 지키려고 노력하는 것은 응급처치에 불과하다. 우리는 그 모든 장점이 있기 때문에 사랑받아야 하는 것이 아니라 그냥 이대로 사랑받아야 했다. 때로 부족하고 한심한 면이 있음에도 사랑받아야 했다.

우리는 있는 그대로 사랑받아야 하는 본질을 한 번도 제대로 들여다보지 않고, 본질을 덮고 있는 조건들이 우리라고 생각하며 살아왔다. 자신이 아닌 것에 목을 맸고, 이런 장점이 있기 때문에 나는 가치 있다고 스스로 세뇌했다. 나의 장점과 단점, 모든 면을 골고루 받아들이지 못했기 때문이다.

'내가 왜 좋아?'
승리할 수 없는 질문

그래도 장점을 찾아서 사랑해주는 것이 좋은 방법이 아니라는 사실이 와 닿지 않는다면 이렇게 생각해보라.

연인에게 "내가 왜 좋아?"라고 묻는다. 곰곰이 생각하던 연인이 말한다. "얼굴이 예뻐서 좋아." 그 순간 기분이 언짢아진다. 분명 나쁜 말은 아닌데 기분이 그다지 좋지는 않다. '내가 예뻐서 좋다고? 지금 내 얼굴 때문에 나랑 사귄단 말이야? 내가 이 얼굴이 아니었으면 나랑 안 만났겠네?' 그렇다면 "넌 착해서 좋아."라는 대답은 어떤가? '뭐? 그 좋은 이유 다 놔두고 내가 착해서 좋다고? 호구같이 다 받아줘서 좋다는 뜻인가?'

사실 애초에 내가 왜 좋으냐고 묻는 건 별로 현명한 질문이 아니다. 원하는 대답을 들을 가능성이 현저히 떨어지는 질문이기 때문이다. 묻는 사람조차 자신이 무슨 대답을 원하는지 모르는 경우가 많다. 무슨 말을 들으면 마음이 흡족할 것 같은가? "예뻐서"나 "착해서"가 그다지 탐탁지 않다면 "예쁘기도 하고, 성격도 착하고, 성실하고, 돈도 많고, 나한테 잘해주고, 능력 있고…." 등의 수십 가지 이유를 상대가 조목조목 대면 어떨 것 같은가? 이런 대답을 듣는 경우 기분이 알 수 없이 찝찝해지는데 도무지 우리는 그 이유를 알지 못한다. 대체로는 이런 느낌 때문이다.

'뭐야, 결국에는 이런저런 조건들이 좋아서 날 만난다는 뜻이네? 참 나!'

우리는 도대체 무슨 말이 듣고 싶어서 이 질문을 던지는 걸까? 재미있는 건 아예 "그냥 좋아."라는 대답조차도 흡족하지 않기는 마찬가지라는 사실이다. 막상 이유 없이 그냥 좋다고 말하면 "아 성의 있게 대답 안 해?"라는 불만이 올라오는 것이다. 장점을 콕 집어서 좋아한다고 말해도 싫고, 그냥 좋다는 말도 싫으면 도대체 어쩌란 말인가?

애초에 어떤 대답을 들어도 승리할 수 없는 질문이다. 장점에 중점을 둔 대답이 나올 수밖에 없기 때문이다. 어차피 연인은 상대의 내면을 볼 수 없고 눈에 보이는 장점만을 이유로 들어 대답할 수밖에 없다. "성격이 개차반 같아서 좋아."라고 말할 수는 없지 않은가. "나는 네 안의 영혼이 반짝반짝 빛나서 좋아."라는 대답을 들으면 목마름이 해소될 것 같은가? 그렇지도 않다. '도대체 무슨 소리야? 자기가 내 영혼을 어떻게 안다고?' 그러니 우리는 이 승리할 수 없는 질문을 그만두고 스스로에게 질문을 던져야만 한다.

장점을 찾는 것이 도움이 된다고 느끼고, 장점을 찾을 때 기분이 좋아진다면 계속해도 좋다. 하지만 기분이 좋지 않다면 자기의 부족한 부분을 억누르고 외면하고 있기 때문이다. 스스로가 사랑받을 만하지 않다고 여기는 성격이나 기질은 그대로 남겨두고 장점만 찬양해봤자 자신에 대한 인식은 달라지지 않는다.

장점 찾기보다 중요한 것은 장점이 보일 때도, 단점이 보일 때도 나 자신을 사랑하겠다고 끊임없이 다짐하는 일이다. 때로는 결점이 보이고, 뭔가에 처참히 실패했을 때도, 스스로 참을 수 없을 정도로 한심하게 굴었을 때도 나 자신을 사랑하겠다고 말해주는 일이다. 내 기분을 좋게 해주는 장점이 넘쳐날 때만 나를 사랑하는 것이 아니라, 누구에게도 말할 수 없이 한심해 보일 때도 나 자신은 나를 버리지 않겠다고 다짐하는 일이다.

자기사랑의 해답은
무엇인가

비록 아프더라도 나 자신에 대한 느낌을 직면해야 한다. 앞에서 자기에 대한 인식은 조건들에 가려져 있어서 실제로 자기 자신에 대해 어떻게 느끼고 있는지 모르는 사람들이 많다고 했다. 의식적으로는 '나는 대단해'라고 생각하지만 사실은 '이런저런 좋은 조건들로 뒤덮어야 봐줄 만한 사람'이라는 자기인식을 갖고 있을 수 있다는 것이다. 그 밖에 '이 조건들이 없으면 가치 없는 사람', '사랑받을 만한 면이 딱히 없는 사람' 같은 자기인식도 있다. 이 자기인식이 나 자신에 대한 진짜 느낌이다. 즉 내 '실체'에 대한 느낌을 말한다.

이 느낌은 사실 스스로 깨닫기 힘들다. 상담이나 인생의 고비를 계기로 자기를 들여다보기 전에는 직면할 기회가 없는 무의식적인 영역이기에 그렇다. 인생의 모퉁이에서 무언가에 부딪혀 넘어졌을 때, 문득 돌아보다가 깨닫게 되는 일이 흔하다. 내가 나를 가치 없는 존재로 보고 있었고, 많은 외부의 좋은 조건들을 획득해야만 인정받을 수 있다고 다그쳐왔음을 깨닫는다.

외부에서 오는 조건들은 덧없다. 영원하지 않으며 통제할 수 없다. 조건들은 껍데기다. 만약 껍데기를 사랑하면서 무의미함이나 공허함을 한 번도 느껴본 적이 없다면 하던 대로 계속해도 괜찮다. 언제나 변화를 위해 먼저 필요한 것은 문제 인식이다. 실제로 그 문제로 개인이 불편함을 느끼는지, 아닌지는 심리 장애의 중요한 판단 근거 중 하나다. 스스로 아무런 문제를 느끼지 않는다면 해오던 대로 계속 산다고 해서 무슨 문제가 되겠는가.

그러나 덧없이 변하는 것들, 외모처럼 언제든 모양을 바꿀 수 있는 것들, 결국에는 남들이 좋게 평가할 부분들만을 붙들고 힘들게 나를 사랑해왔다면 그것이 위태로운 사랑이었음을 깨달아야 한다. 가시적인 것들, 장점들만을 근거로 사랑하는 습관에서 벗어나자고 다짐해야 한다. 결국에는 외적인 부분도, 내적인 부분도, 내가 자랑하고 싶은 부분도, 숨기고 싶은 부분도 사랑할 수 있어야 그것이 진정한 자기사랑이고 통합이다. 무슨 이유가 있어서, 뭔가를 잘해서 사랑해주는 게 아니라 받아들이기 싫은 부분마저 사랑해주는 것이다.

무조건적으로 나를 사랑해주겠다고 다짐하는 건 내가 예뻐서, 부모님의 착한 자식이어서, 재능이 있어서 사랑하겠다는 뜻이 아니다. 설사 내가 주변 사람의 기대를 충족시키지 못했어도, 연인과 헤어졌어도, 시험에 떨어졌어도, 타인과의 관계가 좋지 않아도 사랑해주겠다고 결심하는 것이다. 외부의 상태에 아무런 영향을 받지 않는 본질적인 가치가 존재한다는 사실을 알아줘야 한다. 더 정확하게는 모든 순간에 내가 느끼는 알 수 없는 모든 감정들까지도 받아주겠다고, 타인은 결코 받아주지 않는 나 자신의 적나라한 감정을 내가 받아주겠다고 다짐하는 것이다. 무조건적인 사랑이 가능해지는 순간, 더 이상 외부의 조건도 타인의 인정도 갈구하지 않게 된다.

'나는 이렇게 잘하는데, 나도 사랑받을 자격이 있는데 사람들은 왜 몰라주는 거야? 제발 내가 아는 만큼 다른 사람들도 알아줬으면 좋겠어.'

이런 생각을 해본 적이 있는가? 그렇게 목마름을 느꼈던 건 자신을 제대로 사랑하는 방법을 몰랐기 때문이다. 나는 내가 얼마나 재능 있는지 알고, 내가 얼마나 가치 있는지 아는데 타인들은 몰라준다는 생각은 망상이다. 내가 나 자신의 가치를 알고 있다면 타인의 인정은 별로 중요하지가 않다. 타인의 의견을 알고 싶어하는 건 스스로 자신의 가치에 확신이 없어서일 때가 많다. 왠지 의심스럽고 확신이 서지 않기 때문에 타인의 의견을 구하게 되는 것이다. 타인이 뭐라고 말해도 밀고 나갈 믿음이 있다면, 애초에 타인이 뭐라고 생각하든 궁금하지도 않다.

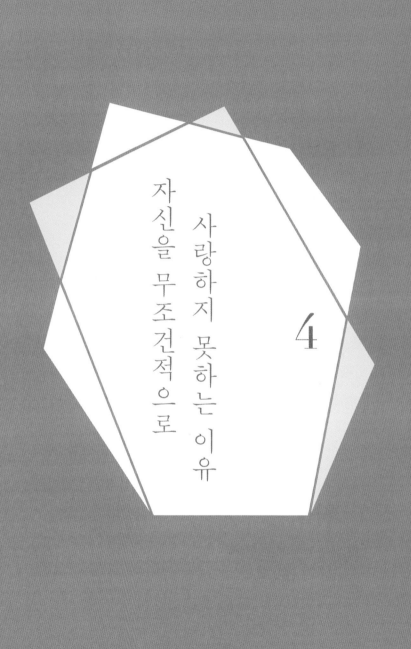

자신을 무조건적으로 사랑하지 못하는 이유

4

누구보다 나를 사랑하지 않은 건 나였단 사실을 깨닫는 순간,
우리는 어떻게 해야 할까?

세상에 대한 신뢰는
곧 부모에 대한 신뢰

　세상에 대한 1차적 신뢰는 부모를 통해 형성된다. 정확히 말하면 어머니든 아버지든 할머니든 자신을 집중적으로 맡아서 길러준 사람, 즉 주 양육자에게서 온다.

　혼자서 아무것도 하지 못하는 무력한 아이일 때, 우리는 양육자의 태도를 통해 세상이 어떤 곳인지 결론짓는다. 아이에게 양육자는 곧 세상이다. 혼자서 밥을 먹을 수도, 몸을 일으킬 수도, 기저귀를 갈 수도, 기분 나쁜 소음을 피할 수도 없는 무력한 아이는 양육자의 민감성, 성실함, 우호적이거나 무성의한 태도를 보고서 세상을 파악한다.

　축축하고 기분 나쁜 기저귀를 차고 누워 있을 때, 양육자가 금방 무엇이 문제인지를 알아채고 기저귀를 갈아준다면 아이는 이렇게 생각한다.

'아, 세상은 내가 뭘 원하는지 바로 알고 잽싸게 들어주는, 신뢰할
만한 곳이구나.'

등에 옷깃이 접혀 불편해서 울고 있을 때, 양육자가 도대체 무슨
일인지 알지 못해 아이를 이리저리 흔들고, 젖병을 물리고, 결국에
는 지쳐서 "제발 울지 마! 왜 그러는지 말을 해주든지…"라고 말하
면 아이는 이렇게 생각할 것이다.

'배가 불러 죽겠는데 왜 우유를 주는 거야? 나는 등이 불편하다고.
왜 내가 원하는 게 뭔지 모를까. 세상은 내가 원하는 걸 주지 않는
구나. 세상은 정말 믿을 구석이 없는 곳이야.'

양육자와의 관계를 통해 생애 초기에 형성되는 믿음은, 세상이
어떤 곳이 될지를 결정한다. 세상이 믿을 만한 곳인지, 살아볼 만한
곳인지, 내가 뭔가를 원하고 꿈꾸었을 때 가질 자격이 있을지를 결
정한다. 우리는 생애 초기 몇 년 동안 형성된 믿음을 가지고 평생
을 살아간다. 애착 이론에서 말하는 안정애착, 불안정애착을 형성
한 사람들은 생애 초기에 형성한 믿음을 모든 관계에서 반복적으
로 경험한다. 양육자에게서 세상은 도무지 믿을 만한 곳이 아니라

는 걸 배웠다면, 앞으로 만나게 되는 사회적 관계에서도 같은 믿음을 확인할 만한 일만 끌어들이게 된다. 결과적으로 같은 체험이 반복됨으로써 생애 초기의 믿음은 더욱더 공고해진다.

이렇게 세상이 믿을 만한 곳이 아니라는 느낌, 나는 내가 원하는 것을 가질 자격이 없다는 느낌 등 초기에 양육자와 형성한 믿음은 '나에 대한 진짜 느낌'과 밀접한 관련이 있다. 그밖에 어린 시절에 경험한 트라우마 역시 '나에 대한 진짜 느낌'에 지대한 영향을 준다. 양육자의 태도를 통해 세상은 신뢰할 만하지 못하다고 결론을 내린 사람들은 곧 자기 자신이 무가치하다는 느낌을 받는다. '원하는 사랑을 받을 자격이 없는, 가치가 없는 인간'이라는 느낌 말이다.

부모와 좋은 관계를 유지하고 있다고 믿었던 사람조차도, 사실은 기억을 파고 들어가면 병리적인 문제를 일으키는 경험을 했던 경우도 많다. 무조건적인 사랑이 무엇인지 경험해본 적이 없는 부모들이 자식에게 무조건적인 사랑을 주기는 어렵다. 대부분의 부모들 역시 조건적 사랑으로 양육된 희생양이다. 그렇게 인간의 불행은 대물림되며 끊임없이 공허한 세상이 되풀이된다.

자세히 살펴보면 세상은 조건적 사랑들로 넘쳐난다. 심지어는 아이에게 가장 무조건적인 사랑을 줄 것 같은 존재인 엄마(주 양육자)조차도 그렇다.

"그렇게 하면 안 돼. 기지 말고 걸어야지. 음식 앞에서 식탁을 치면

안 돼, 음식을 쏟잖아. 아, 네가 조금만 더 얌전하게 굴면 내가 더
사랑해줄 텐데!"

늘 이런 식이다. 양육자의 사랑은 '무언가를 하지 않으면 사랑해
주겠다' 또는 '무언가를 해야만 사랑해주겠다'로 나뉜다. 사랑을 받
으려면 뭔가를 하거나, 뭔가를 하지 말아야 하는 것이다. 신생아기
에 부모의 사랑을 박탈당하는 건 죽음이나 다름없다. 혼자서 몸을
뒤집지도 못하는 영아에게, 사랑해주지 않겠다는 무언의 협박은 매
우 위협적이다. 그러니 마뜩잖더라도 '사랑을 받기 위해서라면' 양육
자가 시키는 대로 할 수밖에 없다. 이렇게 양육된 상황에서, 아무것
도 안 해도 있는 그대로 사랑받을 자격이 있다고 믿을 수 있을 리가
없다. 한 번도 그런 사랑을 받아본 적이 없는데 어떻게 알 것인가.

그러니 조건적 사랑으로 점철된 사회에서 아마 가장 터무니없는
착각은 '나는 나를 사랑한다'는 믿음인지도 모른다. 조건적 사랑으
로 양육된 우리가 자기 자신조차 조건적으로 사랑하게 된 것은 당
연한 귀결인지도 모른다. 시험 성적이 낮게 나오면, 승진 시험에서
누락되면 갑자기 가치 없는 인간이 된 기분이다. 그런 상황에서도
스스로를 사랑하는 건 상상조차 할 수 없는 일이다. 솔직히 그게
가능한 일인가 싶다. 오랫동안 직장을 못 구하고 있으면 누구보다도
나 자신이 나를 비하한다. 누구를 만날 자격도 없는 사람으로 느낀
다. 그런 상황에서도 스스로를 사랑하는 게 '맞는 일인가'라는 생

각마저 들 것이다.

분명 옳고 그름의 문제가 아닌데도, 우리는 뭔가를 못할 때 죄책
감을 느껴야만 옳다고 생각한다. 아무 생산적인 일도 하지 못하고
있을 때는 마땅히 숨죽이고 주변의 눈치를 봐야만 맞는 일이라고
생각한다. 그리고 이런 생각이 왜 잘못됐는지조차 깨닫지 못한다.
결국 누구보다 나를 사랑하지 못했던 건 나였는지도 모른다는 사
실을 깨닫는 순간, 우리는 어떻게 해야 할까?

감정을
폄하하는 사회

앞에서도 이야기했지만, 우리는 말 이전에 감정으로 소통하
는 존재였다. 말을 하지 못하는 아이일 때는 감정이 곧 언어였다. 감
정은 무엇보다도 우리 자신을 잘 나타내주는 지표였다. 우리가 태
어나기 이전, 원시 시대에도 감정은 판단의 근거였다. 전두엽이 지
금처럼 진화되기 전의 우리는 감정을 담당하는 편도체에 전적으로
의존했다. 위험하거나 안전하다는 느낌에 따라 사냥을 했고 몸을
숨기거나 피했다.

감정은 옳고 그르다는 판단 이전의 우리가 무엇인지를 알려준다.
무엇이 옳은지 그른지를 떠나서 이것이 좋은지 싫은지의 느낌은
'진짜 나'가 무엇을 원하는지를 알려준다. 나는 이 일을 하고 싶은

가, 하기 싫은가? 나는 저 사람이 좋은가, 싫은가?

감정이 우리 자신에 대해 많은 것을 알려주는데도 우리는 감정을 판단의 근거로 삼는 일이 거의 없다. 어떤 일을 해도 될지 알기 위해서는 그 일이 얼마나 많은 돈을 벌게 해주는지, 사회적인 평판은 어떤지 등 외적 조건부터 고려한다. 그 일이 내 마음에 들지라도 오로지 좋다는 이유만으로 직업을 선택하는 건 우려의 대상이 된다("그 중요한 직업을 그냥 좋아서 선택했다고? 그거 해서 뭐 먹고 살 거야?").

감정은 판단의 근거가 되지 못할 뿐더러, 감정을 기준으로 판단을 내리는 사람이라는 사실을 들켰다간 미개하다는 취급을 받기 일쑤다("아니 어떻게 저 사람이 싫다고 회사를 그만둘 수가 있어요?"). 확실히 직장 내의 어떤 사람이 싫다는 이유만으로 회사를 그만둔다는 건 '옳지 못한' 일이 틀림없어 보인다. 그것이 바로 지성이 발달한 시대에 인간이 삶을 영위하는 방식이다.

이제 감정이 어떤 대우를 받고 있는지 보인다. 감정은 억눌리고 억압되고 미개하다는 취급을 받아왔고, 우리는 자신의 솔직한 느낌은 옳지 못한 것이라고 믿게 되었다. 결과적으로 다 큰 어른이 사회적 상황에서 감정을 표현하는 것은 미성숙한 일이 된다. 직장에서 불같이 화를 내는 상사는 미성숙함의 근거고, 눈물이라도 터트렸다간 두고두고 놀림감이 된다.

직장에서 '슬퍼하는' 남자를 보는 일은 흔하지 않다. 그러나 누구든 남자에게 슬픔이 없는 건 아님을 알고 있을 것이다. 남자가 때로 사회에서 나약함과 동의어로 여겨지는 '슬픔'이라는 감정을 그 어떤 감정보다 극도로 억압하고 있다는 증거일 뿐이다. 여자 역시 마찬가지다. 여자가 주로 억압하는 감정은 분노다. 분노해서 분위기를 '뭣같이' 만드는 남자 상사는 흔히 볼 수 있지만 분노해서 '뒤집어엎는' 여자 상사는 눈물 흘리는 남자만큼이나 보기 힘들다. 여자는 화내지 못해서가 아니라, 우리 사회가 여자에게는 분노를 허용하지 않기 때문이다. 우리가 사회의 곳곳에서 얼마나 많이 감정을 억압하길 종용받는지가 보인다. 억압의 밑에는 '감정은 옳지 않은 것'이라는 인식이 깔려 있다.

분노는 어떤 상황이 이치에 맞지 않을 때 느끼는 자연스러운 감정이다. 감정 그 자체는 틀린 것이 아니다. 우리는 무언가가 잘못됐을 때 슬퍼할 권리가 있고, 화를 낼 권리가 있다. 하지만 사회는 암묵적으로 솔직한 감정은 혼자 간직하는 것이 옳고, 타인을 대할 때는 화가 난 이유를 조목조목 이성적으로 정리해 '감정 없이' 설명하는 것이 옳다는 데 동의하고 있다. 논리적인 이유 없이 단지 기분이 나쁘다고 표현하는 건 어른스럽지 못하다고 생각한다. 문제는 우리 자신조차 스스로 느끼는 감정을 공감해주려고 하지 않는다는 데 있다.

내 느낌에 대해 귀를 기울여본 적이 있는가? 내가 지금 어떤 감정을 느끼는지 이해하려고 해본 적이 있는가? 우리는 스스로도 해본 적이 없는 일을 타인이 해주길 바란다. 타인이 내가 왜 화를 내는지, 눈물이 나는지를 이해하고 공감해주기를 바란다. 하지만 스스로 자신의 감정을 공감해주지 않는 이상, 타인의 이해는 내 감정을 완전히 치유해줄 수 없다.

화가 날 때, 무엇에 화가 났는지 자신에게 가만히 물어본 적이 있는가? 대화를 나누기는커녕 자신에게 귀를 기울일 시간도 여유도 없었을 것이다. 왜 이렇게 우울하고 무기력하냐고, 왜 이렇게 화가 나고 모든 게 짜증나냐고 자신을 탓하기만 했을 것이다. 언제까지 이렇게 느낄 거냐고, 감정을 몰아붙이고 다그치기만 했을 것이다.

누구의 탓도 아니다. 그저 감정은 옳지 않은 것이며 영양가가 조금도 없는 것이라고 세뇌당하며 자라왔기 때문에, 감정 따위에까지 시간을 들여 마음을 쏟을 여력이 없었을 뿐이다. 이처럼 감정을 폄하하는 사회는 무조건적인 자기사랑을 가로막는 훼방꾼이다.

성장기에 벌어지는
감정 억압

아이가 울거나 짜증을 낼 때 왜 그런 감정을 느끼는지 물어봐 주는 부모는 거의 없다. "제발 그만 좀 울어!", "제발 그만 좀 짜증 내!"라고 다그치는 경우가 대부분이다. 공공장소에 있을 때 어떤 부모는 아이보다 더 초조해져서 아이가 까무러치도록 흔들며 "다른 사람들이 화내, 제발 뚝!" 하기도 한다. 이 순간에도 아이의 감정보다는 우는 아이 때문에 노할 타인들을 더 염려하고 있는 것이다. 아마 우는 아이에게 관대하지 않은 사회적 분위기를 잘 알고 있어 서일 것이다.

언어가 발달되지 않은 아이들에겐 감정이 가장 주요한 표현수단 이다. 아이가 울거나 짜증을 내는 이유는 분명 어떤 불편함을 느끼 고 있기 때문인데도, 우는 아이들이 제일 먼저 경험하는 것은 감정 의 억압이다. 있는 그대로의 솔직한 감정을 표현할 때마다 억압을 받 은 아이들은 감정을 표현하는 것이 나쁜 일이라고 학습하게 된다.

문제는 감정이 '솔직한 나'를 보여주는 증거라는 점이다. 감정이 있는 그대로의 나를 보여준다고 할 때, 감정을 억압당하는 것은 곧 나 자신을 부정당하는 것이나 다름없다. 나 자신의 솔직한 감정이 옳지 못하며, 억압해야 하는 나쁜 무엇이라는 생각이 무의식에 심 어지게 된다.

그러므로 성장기의 감정 억압은 곧 있는 그대로의 자기 자신이 옳지 못하다는 느낌으로 연결된다. 내가 느끼는 것이 옳지 못하다 는 느낌, 내게 뭔가 결함이 있다는 느낌, 있는 그대로의 솔직한 나 는 문제가 많아서 그대로 보여주면 안 된다는 느낌을 갖게 되는 것 이다. 감정을 억압하며 자란 어른들은 옳지 못한 감정을 덮기 위한 사회적 가면을 만들어낸다. 그것을 곧 '페르소나'라고 한다.

어른들이 아이에 비해 잘하는 것 중 하나는 감정을 숨기는 일이 다. 감정을 솔직하게 표현하는 것이 '부적절하다'는 것을 학습하지 못한 아이들은 때로 지나치게 솔직하다. 타인에게 못생겼다거나, 싫다고 직설적으로 표현하는 것은 아동들의 특징이다. 하지만 어른이 되면 화가 나도 아이 때처럼 마트 바닥을 휘저으며 울지는 않는다. 어른들이 감정을 숨기고 사회적 상황에 따라 다양한 가면을 쓰는 것은 아무런 문제가 없다. 교수는 학생들 앞에서는 좀 더 점잖은 가면을 쓰며, 초등학교 동창을 만날 때는 좀 더 개구쟁이 같은 가면을 쓴다.

상황에 따라 어느 정도 다른 모습이 되는 것은 건강하게 기능하고 있다는 증거다. 교수가 학생들 앞에 설 때 초등학교 동창들을 대하듯 스스럼없이 했다간 학생들의 신망을 잃을 수도 있다. 이렇게 상황에 맞는 사회적 가면을 쓰는 것, 상황에 따라 적절하게 감정 표현을 조절할 줄 아는 것은 건강한 성인이라는 증거다. 하지만 페르소나가 적절히 사용되지 못하면 문제가 되기도 한다. 자신의 결함 많은 내면을 가리기 위한 병리적 목적으로 사회적 가면을 사용할 때 그렇다.

페르소나는 때로 친밀한 관계의 방해 요소가 된다. 있는 그대로의 자신이 옳지 못하다는 느낌을 가리기 위해 사회적 가면에 집착하는 사람들은 타인과 친밀해지지 못하는 문제를 겪을 수 있다. 누군가와 친밀해진다는 것은 자기노출의 문제와 관련이 있다. 더 많이 친밀해진다는 것은 더 많이 자신을 보여줘야 한다는 뜻이다. 가까워질수록 내 본질에 가까운 모습이 노출될 수밖에 없다.

하지만 '내게는 결함이 있다'는 자아개념을 가진 사람들은 자신을 보여주는 일이 쉽지 않다. 자신이 이상하고 어딘가 잘못된 사람이라는 것을 들키기 싫어서 자신에 대해 말하지 않다 보니 타인과 친밀해질 기회는 차단된다. 솔직한 나 자신을 보여주는 감정을 억압받았기에 있는 그대로의 자신은 부정적인 감정처럼 늘 숨겨야 하는 것, 억압해야 하는 것으로 학습된다.

이렇게 자기상이 부정적인 사람들이 자기를 노출한다는 것은 자신의 본질이 거부당할 수 있는 위험을 감수하는 일이다. 어릴 때 감정을 표현하지 않고 억압한 것은 타인에게 부정당하지 않고, 스스로 다치지 않도록 자신을 지켜온 방어기제였다. 어릴 때는 배척당할 일을 만들지 않는다는 점에서 감정 억압이 순기능을 가질지 모르지만, 어른이 되어서는 오히려 타인과 친밀해지지 못하게 한다는 점에서 역기능적이다.

뛰어난 외적 조건,
그 뒤의 함정

외적 조건이 뛰어나면 자연히 외적 조건에 대한 칭찬을 들을 일이 많다. '예쁘구나', '공부를 잘하는구나', '그림을 정말 잘 그리는구나'라는 칭찬들을 자라는 동안 끊임없이 들어왔을 것이다. 자연스럽게 '나는 …을 잘하기 때문에, …이 뛰어나기 때문에 가치 있다'는 내적 도식을 형성하게 된다. 즉 외적 조건이 곧 나라고 믿기 쉽다.

외적 조건과 '진짜 나'에 대한 느낌이 일치할 때는 별다른 문제가 없다. 스스로 사랑받을 자격이 있다고 믿는 사람들은, 외적 조건과 자기 느낌의 괴리가 없다. 이들은 자신의 부족한 부분에 대해 쉽게 인정한다. 외적인 성취나 뛰어남이 기분을 고양해주기는 하지만 그것이 결정적으로 자존감을 심각하게 좌우하지는 않는다.

반면에 외적 조건이 뛰어나지만 진짜 자신에 대한 느낌은 부정적인 경우, 조건과 내면의 괴리감 때문에 공허함을 느낄 수 있다. 본질적으로 나는 저 조건이 아니며, 진짜 나는 가치 없다는 느낌을 갖고 있는 것과 같다. 그래서 사람들의 칭찬에 기분이 좋아지다가도 '그럼 뭐 해? 진짜 나를 알면 속았다고 생각할 텐데'라고 생각하게 되는 것이다.

이렇게 자기에 대한 진짜 느낌은 다양한 가면에 몸을 숨기고 있다. 남들이 선망하는 외적 조건을 갖고 있는 사람들도, 스스로를 사랑한다고 믿어왔던 사람들도 사실은 나의 좋은 부분만이 진짜 나라고 믿었을 가능성이 있다는 것이다. 아마도 자신의 좋은 점뿐만 아니라 부족한 부분도 솔직하게 인정할 줄 아는 사람들을 제외하고는 대부분이 조건적 자기사랑을 해오면서도 깨닫지 못했을 것이다.

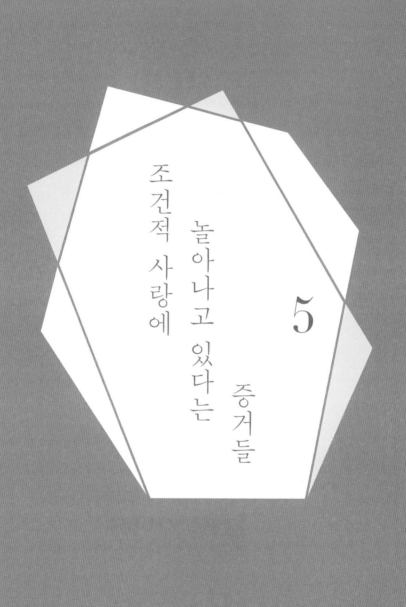

조건적 사랑에 놀아나고 있다는 증거들

5

모든 조건을 벗어던진 나는 어떤 느낌인가?
괴물? 천사? 이도 저도 아닌 무엇?

모든 것이 부질없다,
무의미하다는 느낌

모든 것이 무의미하다는 느낌은 내면이 보내는 구조 요청이
다. 인생을 수렁에서 건져내 달라는 무언의 신호다. 사람들은 무의
미하다는 느낌을 메우기 위해 발버둥을 친다. 새로운 것을 배우고,
연인을 갈아치우고, 맛있는 것을 먹고, 쇼핑을 하고, 할 수 있는 건
다 해보지만 대체로 그다지 도움이 되지 않는다. 그건 오래돼 눅눅
해진 케이크 시트 위에 끊임없이 새로운 생크림을 발라 위장하는
것과 다름없는 일이다.

'이게 다 무슨 소용이야?'

내가 가진 어떤 것도 소용이 없다는 생각이 들 때가 있을 것이다.

그 어떤 찬사를 받아도 소용없다는 느낌, 그 어떤 성공을 해도 모든 것이 무의미하다는 느낌이 있다. 그렇다면 무엇이 소용이 있을까? 내가 원하는 건 뭘까? 답은 쉽게 나오지 않는다.

이 무의미함은 '진짜 나'에 대한 느낌이다. 모든 게 의미 없다고 느끼는 건, 원하는 것이 모두 다 이뤄져도 자신이 어떻게 느낄지 알고 있기 때문이다. 존재 자체가 가치 없다는 느낌 말이다. 모든 조건들이 껍데기이며 가짜라는 걸 내가 알고 있다는 뜻이다. 그럼 진짜 나는 무엇인가? 내 외모, 내 조건, 내 수입, 내 성적, 내 학벌… 그것들이 진짜 내가 아니라면 대체 나는 무엇인가? 역시나 그것들을 제외한 '보잘것없는 무엇'을 진짜 나라고 느끼고 있는 것이다.

무엇을 해도 지독한 결핍감이 사라지지 않는 건, 무의미하다는 느낌이 자기 근원에 대한 느낌과 닿아 있기 때문이다. 무의미함은 우리를 둘러싼 외피와 관련된 문제가 아니라 철저히 자기 근원에 대한 문제다. 그러니 내부의 문제는 그대로 두고, 껍데기 격인 가면을 끊임없이 바꾸어봤자 자신이 느끼는 근본적인 감정은 변하지 않는다.

내면의 무의미함과 싸우고 있다면, 당신이 해야 할 일은 자기 내면을 들여다보는 것이다. 연인을 갈아치우고, 새 옷으로 치장하고, 직업을 바꿔봤자 내면의 느낌은 그대로 유지된다. 내면의 느낌은 외부의 조건에 따라 바뀌는 것이 아니기 때문이다. 내면의 느낌, 곧 감정은 오로지 내면과 소통할 때만 바뀔 수 있다.

무의미하다는 느낌은 마음에 뚫린 구멍을 상징한다. 당연히 밑 빠진 독에 무언가를 끊임없이 채워 넣는 것보다는 마음에 난 구멍을 메우는 것이 근본적인 해결책이다. 이것은 곧 자기사랑의 문제와 연결된다. 나는 나 자신에 대해서 어떻게 느끼는가? 내가 좋게 느꼈던 나의 일부분, 모든 조건을 벗어던진 나는 어떤 느낌인가? 괴물? 천사? 이도 저도 아닌 무엇?

무언가를 해야만 한다는 압박감

무언가를 해야만 한다는 의무감 때문에 괴롭다면 타인의 인정을 의식하고 있는 것은 아닌지 되돌아볼 필요가 있다. 오로지 내 욕망만 있다면 '무언가를 해야 한다'가 아니라 '하고 싶다'고 느낄 것이다. 어떤 일을 해야만 한다는 부담감이나 저항감은 외부의 평가를 의식할 때 주로 드는 생각이다.

'지금 우울한 표정을 짓고 있으면 사람들이 이상하게 보겠지? 아무 일 없는 척해야만 해.'

'이 일을 잘 해내지 못하면 회사에서 날 형편없는 사람으로 보겠지? 회사에서 잘리겠지? 이 일을 무조건 성공시켜야만 해.'

'시험을 잘 보지 못하면 부모님이 나에게 실망하시겠지? 시험을 잘

봐야만 해.'

이렇게 원치 않는 무언가를 해야만 한다고 자신을 몰아붙일 때, 우리의 솔직한 감정은 뒤로 밀려난다. 가장 먼저 보호받아야 할 것이 우리의 솔직한 감정임에도 불구하고 감정은 항상 제일 뒤에 고려된다. 하고 싶지 않은데 해야만 한다고 자신을 몰아붙이고 학대하는 일은 아주 흔하다. 사회적인 동물로 태어난 이상 하고 싶은 일만 할 수 있는 상황보다는 하기 싫은 일을 해야 하는 상황이 더 많기 때문이다.

해야 하는 일을 앞두고 타인의 평가를 먼저 고려한다면 자신을 조건적으로 대하고 있는 것이다. 무언가를 하지 않으면 타인이 '당신은 가치 없다'는 평가를 내리리라고 믿고 있는 것이다. 이렇게 우선순위를 박탈당하고 뒤로 밀려난 솔직한 감정은 항상 억압되며, 우리 자신이 가장 먼저 보호받아야 할 소중한 존재라는 생각을 잊게 만든다. 우리 자신보다 중요한 것들이 세상에 널려 있는 것만 같다. 지금 내 기분이 좋지 않아도 먹고살려면 일해야 하고, 다른 사람의 요구를 들어줘야 하고, 겉으로 내색을 하면 안 된다. 우리는 모든 상황에서 내 감정보다는 다른 것을 더 중시하고 있다.

낙관적인 생각에 드는
저항감

자기사랑은 살다보면 심심찮게 접할 수 있는 주제다. 나 자신에게 사랑한다고 말해주라는 조언도 흔하다. 그런 말을 듣다 보면 정말 제대로 나 자신에게 사랑을 못 해준 것 같다는 생각이 든다. 그러나 자기사랑의 필요성을 느끼고 야심차게 스스로에게 사랑을 고백했더라도 효과는 그리 높지 않았을 것이다.

살아오는 내내 나 자신을 끊임없이 조건적 사랑에 내던져놓고, 더 잘하라고 채찍을 쳐놓고는 뜬금없이 사랑한다니. 마음이 그 말을 들을 리가 없다. 끊임없이 채찍질하고 다그쳤던 아이의 기분을 풀어주지도 않고 갑자기 "사랑해"라고 말한다면 아이는 뭐라고 반응할까. 상처받고 마음을 닫고 있는 아이에게, 화해의 말도 건네지 않고 사랑한다고 말한다면 아이는 그 말을 믿을 수 있을까.

자신의 진심을 아는 방법 중 하나는 거울을 보며 사랑한다고 말해보는 것이다. 거울 속의 나에게 사랑한다고 말하는 데 저항감이 든다면 그와 반대되는 무의식적인 믿음이 마음속에 있다는 뜻이다. 스스로를 사랑하지 않는데 사랑한다고 거짓말을 하면 당연히 저항감이 올라올 수밖에 없다.

대부분의 자기사랑 확언이 아무런 효과가 없고 때로는 격렬한 부정적 저항에 사로잡히기까지 하는 이유는, 상처받은 감정을 해결하지도 않고 무턱대고 자신이 믿지도 않는 말을 되뇌기 때문이다.

상처를 그대로 두고 옷만 갈아입는 앞의 비유와 같은 상황이다. 신념과 말이 일치하지 않는 '인지부조화'의 상태는 언제나 인간을 불편하게 만든다. 스스로 믿지 않는 사실을 선포하는 것은 불편한 일이기 때문이다.

거울 앞에서 사랑한다고 말할 때 저항감이 있다면, 자신에게 해결해야만 하는 감정적 상처가 있다는 뜻이다. 어떤 마땅한 감정을 억압하고 있는지도 모른다. 혹은 자신의 일부분을 수용하지 못하고 미워하고 있을 수도 있다. 자신이 사랑받을 수 없는 존재라고 믿고 있다는 증거일 수도 있다. 진정 자신을 사랑하는 법을 배우고 싶다면 내면의 해결되지 않은 감정을 먼저 다루어야만 한다. 괜찮지 않다고 생각하고 있으나 괜찮다고, 다 잘될 거라고 억지로 자신을 다독이기만 하면 역효과가 난다.

나의 내면은 오랜 경험을 통해 내가 나를 사랑하는지, 사랑하지 않는지 이미 잘 알고 있다. 사랑받지 못한다고 여기고 귀를 닫고 있는 내면의 아이에게 사랑한다고 끊임없이 말해도 아무것도 달라질 리 없다. 자주 사랑한다고 말해주면 괜찮을까? 내가 미워했던 내 일부를 인정하고 통합하지 않고 자기확언만 되뇐다면 사랑한다고 말하는 내가 먼저 지쳐 나가떨어지고 말 것이다.

저항하는 내면의 나, 사랑한다는 말을 믿을 생각이 없는 내면의 아이에게 사랑한다고 반복해서 말하는 건 쉬운 일이 아니다. 그러니 사랑한다는 거짓 고백으로 수면 위에 돌을 던지기 전에 먼저 내면의 호수 안으로 깊이 뛰어들어야 한다. 궁극적으로는 '내면의 느낌'을 변화시키는 것이다. 그러기 위해서는 자신이 묻어두었던, 고통스러운 자기인식을 직면할 마음의 준비가 되어 있어야만 한다. 그런 후에야 나에게 사랑한다고 말할 수 있을 것이다.

타인의 인정에
목마를 때

타인에게 사랑한다는 말을 들어야 살 것 같다면 그 어느 때보다 안으로 향한 사랑이 부족하다는 뜻이다. 타인에게 인정의 말을 듣고 싶을 때는 스스로 내 가치를 확신하지 못하고 불안에 떨고 있는 경우가 많다. 상대방의 사랑을 확신하지 못할 때이기도 하나, 그것은 부차적인 문제다. 자신에 대한 빈틈없는 사랑과 확신을 지니고 있을 때는 사실 외부의 평가나 따뜻한 말이 필요 없다. 가슴 속이 사랑으로 충만해서 다른 사람의 의견 따위는 아무래도 상관이 없다는 심정이 되는 것이다.

인간은 세상에 자신을 사랑해주는 사람이 한 명이라도 있다면 살아갈 수 있다. 어느 정도는 맞는 말이다. 진실로, 인간은 세상에 자신을 믿어주는 사람이 단 한 명만 있어도 버틸 수 있는 존재다. 애착을 마음에 새기고 내면화하면 애착 대상이 곁에 없더라도 안정된 상태를 유지할 수 있다.

그래서 단 한 번이라도 타인에게 깊은 사랑을 받는 경험은 중요하다. 애착 관계의 필요성을 부정하는 과도한 독립성의 욕구는 '상처받기 싫다'는 방어일 수 있다. 모든 인간은 평생 애착을 필요로 하기 때문이다.

많은 정신병리 증상들이 애착 문제에서 시작하고, 해결책 또한 그렇다. 사랑하는 능력은 사랑받았던 경험에서 나오며, 그런 경험이 있다면 축복받은 사람이다. 생애 초기 양육자와의 유일한 애착 관계 역시 혼자서는 아무것도 할 수 없는 무력한 아이를 버티게 한다. 전적으로 사랑을 베풀어주고, 모든 욕구를 해결해주는 전지전능한 신 같은 존재인 양육자(주로 어머니) 한 사람 덕분에 우리는 살아남을 수 있었다.

타인의 인정은 분명, 어느 정도는 인간에게 버팀목이 되어준다. 하지만 타인의 인정이 나의 결핍감을 영영 해결해줄 것이란 생각은 착각이다. 외부에서 얻는 인정의 약효가 얼마동안 지속되는가는 사람마다 다르다. 단 10분만 기분이 좋아질 수도, 하루 내내 기분이 좋을 수도 있다.

하지만 안정적인 애착을 내면화하지 못해서 세상에 대한 신뢰가 안정적으로 형성되지 못한 사람이라면 소위 말하는 '약발'의 기간이 그리 길지 않다. 세상에 나를 인정해주고 믿어주는 사람이 존재한다는 사실을 금방 잊어버리고 끊임없이 타인의 의견을 확인하려 하거나 사랑을 갈구한다. 끊임없이 확인받지 않으면 스스로 자신의 가치를 확신할 수 없기 때문이다.

계속 인정을 받으려 하면 상대도 지치고 결국 자기 자신도 지친다. 타인의 인정 덕분에 한순간 길고 깊은 슬럼프에서 벗어난다고 해도 결국 본래의 상태로 돌아오고 만다. 그 본래의 상태라는 것은 자신에 대한 기본적인 믿음 수준을 말한다.

외부의 자극을 찾아
끊임없이 돌아다닐 때

사람들의 기분 수준은 저마다 다르다. 상황과 상관없이 어떤 사람은 대체로 차분하고 어떤 사람은 지나치게 공격적이다. 어떤 사람은 부담스러울 정도로 밝고 긍정적인가 하면 어떤 사람은 마치 검은 기운을 몰고 다니는 듯하다. 누군가는 짜증, 누군가는 분노, 누군가는 혐오라는 정서를 기본 바탕으로 깔고 있는 것처럼 보인다. 그밖에 불신, 우울, 무기력 등 개인의 기본 정서는 다양한 모습을 하고 있다. 물론 평온, 신뢰 등 긍정적인 정서를 바탕으로 가진 사람들도 있다.

이러한 기본 정서는 타고난 호르몬 수준으로 결정되지만, 경험을 통해 형성되기도 한다. 양육되는 동안 믿을 만한 세상을 경험했는지, 충분히 사랑받았는지 등이 내면의 느낌을 형성하는 데 영향을 준다. 즉 공허감, 결핍감 등 개인의 핵심 정서는 자신이 자라는 과정에서 경험한 것을 통해 자신의 정체성으로 체화된다.

개인의 기본적 정서 상태는 '행복의 설정값'이라는 개념과 관련이 있다. 사람의 호르몬 수준은 생물학적으로 정해져 있어서 사람마다 기본적으로 갖고 있는 행복감의 정도, 즉 설정값이 다르다. 기본적으로 긍정적인 사람과 우울감이 높은 사람이 나뉘는 것은 생물학적으로 타고난 호르몬의 정도가 다르기 때문이다. 시험 합격이나 로또 당첨 등 기분이 좋아지는 일이 생기면 일시적으로 행복감이 크게 증가하기는 하지만, 얼마쯤 시간이 지나면 감정 상태는 좋은 일이 생기기 전의 수준으로 돌아간다. 원래도 행복감이 높았던 사람은 복권 당첨 직후의 극도로 행복했던 상태에서 타고난 행복감 수준으로 복귀하며, 기본적인 감정 상태가 우울했던 사람은 다시 우울하게 돌아간다는 것이다.

타인의 인정은 시험 합격과 같은 외부 사건이기에 타고난 행복의 설정값을 바꿀 수 없다. 다시 말해 타인의 칭찬은 순간적으로 기분을 좋게 해줄 수는 있지만 영원히 행복감을 유지해주지는 못한다. 따라서 외부의 인정에 의존하게 되면, 기분을 좋게 하기 위해 또는 나 자신의 가치를 확인하기 위해 끊임없이 외부의 자극을 찾아 나서게 된다.

그 결과는 사람마다 다르다. 어떤 사람은 외부의 인정을 받기 위해 계속 더 큰 성공으로 자신을 몰아붙일 것이고, 누군가는 기분을 좋게 해주는 자극(술이나 칼로리 높은 음식 등)을 찾아 나설 것이고,

누군가는 자신을 더 많이 사랑해줄 연인을 찾아서 이 사람, 저 사람 전전할 것이다.

그러나 자신을 사랑할 만한 이유를 외부에서 찾아봤자 마음에 뚫린 구멍은 결코 메워지지 않는다. 외부의 자극을 찾아다니는 것은, 독에 뚫린 구멍을 메우지 않고 끊임없이 독을 채우는 내용물만 바꾸는 것이나 마찬가지다. 근본적인 해결책이 될 수 없다는 뜻이다.

타인의 평가에
기분이 좌우될 때

타인의 인정을 갈구하는 것은 외부에서 존재의 이유를 찾는 일이다. 존재 가치가 타인과의 관계에 기반하거나 타인의 인정에 영향을 받는 이의 삶은 뿌리가 없는 나무처럼 불안정하다. 자신을 인정해주는 타인이 있을 때는 힘 있게 자라는 듯 보이다가도, 중요한 타인이 사라지거나 인정을 받지 못할 때는 뿌리가 썩어버린 것처럼 위태롭게 흔들린다. 자기 가치를 외부의 평가에 의존하는 사람의 삶이 안정적일 수는 없다.

이와 다르게 생의 초기에 신뢰감 넘치는 주 양육자의 인정을 받고, 안정애착을 내면화한 경우에는 타인의 인정이 존재하지 않아도 안정적으로 살아갈 수 있다. 내면에 아낌없이 인정을 주는 나무를 한 그루 갖고 있는 것과 같다. 그러나 주 양육자의 인정이 일관적이지 않았다면, 개인은 무조건적 인정을 내면화하기 어렵고 자신의 가치를 찾기 위해 타인의 인정을 기준으로 삼게 된다.

외적 조건, 타인과의 관계, 타인의 평가의 공통점은 '통제불가능성'이다. 스스로 통제할 수 없는 일에 자신의 가치를 맡겨버린다면 자신의 목숨을 타인의 손에 쥐여 주는 것이나 마찬가지다. 사랑해 주는 연인이 있어야 자신이 가치 있다고 믿는 사람은 연인이 떠나고 난 후의 공백을 견디지 못한다. 타인이 긍정적 평가를 내려야만 스스로의 실력을 확신하는 사람 역시, 자신의 가치를 좌우할 단죄의 칼을 타인의 손에 쥐여 주는 셈이다. 내세울 만한 다른 것이 별로 없기 때문에 외모라도 예뻐야, 옷이라도 잘 입어야, 학벌이라도 좋아야, 직업이라도 좋아야 된다고 믿는 사람도 외모나 옷, 수입 따위와 자기 자신을 동일시하고 있는 것이다. 그러나 이 모든 것들은 나의 외부에 존재하고 영원하지 않으며, 스스로 통제가 불가능하다. 스스로 통제할 수 없는 것에 의존하게 되면 삶은 불안정해질 수밖에 없다.

있는 그대로의 나를 받아들일 줄 알게 되면, 타인의 평가에 따라 기분이 크게 좌우되지 않는다. 설사 타격을 입었다고 하더라도 금세 자기애를 회복할 수 있다. 남이 뭐라고 생각하건 진짜 나의 가치는 달라지지 않기 때문이다.

타인의 평가가 내 가치를 좌우한다고 믿을 때만, 나는 타인의 말이나 행동에 화를 내게 된다. 타인의 비난에 상처를 입는 것도 내가 타인의 생각에 동의할 때뿐이다. 비난받아서 고통스러웠다면, 사실은 누구보다도 내가 나를 그렇게 생각하고 있기 때문이다. 누군가 잠시 나의 일면을 보고 "너 참 게으르다"라고 했을 때, 정말 최선을 다해서 열심히 살고 있는 사람이라면 조금의 타격도 없을 것이다. '나 사실 새벽부터 일어나서 회화 학원 갔다가 회사 가는데, 너는 내가 얼마나 열심히 살고 있는지 모르는구나?' 하며 속으로 픽 웃어넘길 것이다.

스스로 나태해져 있다고 믿고 그런 자신을 한심하게 여길 때만, 타인의 비난이 가슴에 꽂힌다. 이때는 스스로 자신을 어떻게 비난해왔는지 깨달을 계기가 된다. '난 이대로 좋은데 너는 왜 자꾸만 내가 별로다, 부족하다, 고쳐야 한다는 암시를 주면서 나를 끌어내리는 거야?'라고 생각하며 화를 내는 건, 사실은 스스로 이대로 좋다고 믿지 않았던 것이다. 또한 타인의 말이 내 가치에 영향을 줄 수 있다고 믿는 것이다. 가치에 대한 확신이 부족할수록 그것을 흔드는 타인의 말에 화가 난다.

타인의 비난에 상처받음으로써 내가 나를 비난하고 있었다는 걸 알았다면, 스스로를 이해해주는 시간을 가져보는 것도 좋다. 내가 그런 행동을 할 수밖에 없었던 이유를 나 자신에게 설명해보는 것이다. 일을 형편없이 했다고 비난받았다면, 그럴 수밖에 없었던 이유를 찾아보자. 최선을 다했지만 능력이 부족했다든지, 두려워서 회피했다든지, 또는 너무 지쳐서 게으르게 굴고 싶었다든지…. 능력이 부족하고, 비겁하고, 용기가 없었더라도 인간은 때로 그럴 수 있다고 자신을 이해해보라. 때때로 인간은 스스로도 납득하지 못할 정도로 한심한 행동을 할 수 있다. 그것이 사람이다.

내가 날 이해할 수 있으면 타인의 비난은 영향력이 없어진다. 타인의 말이 내 가슴을 찌르는 건, 누구보다도 내가 나 자신을 그렇게 생각할 뿐만 아니라 비난하고 있었기 때문이다. 스스로를 이해해주고 나면 타인의 비난을 똑바로 바라보며 그 안에서 내가 배울 것이 있는지 돌아볼 힘도 생긴다.

외부에서 주입되는 인정은 결코 나 자신에 대한 느낌을 영원히 바꿀 수 없다. 자신의 가치에 대한 느낌은 있는 그대로의 내면에 대한 관심과 사랑을 통해서만 영원히 바뀔 수 있다. 외부의 인정에서 위로를 얻는 사람은, 끊임없이 인정을 받기 위해 타인의 의견을 살피고 전전긍긍하게 된다. 또한 끊임없이 외부의 무언가를 찾아 헤매고 갈구해도 결국 무의미하다는 느낌을 떨칠 수가 없다. 그것은 스스로를 불행의 구덩이에 빠뜨리는 일이다.

정도 이상으로
극단적인 감정을 느낄 때

나의 기분을 자극하는 일들을 통해 내가 무엇을 믿고 있는지, 즉 나의 신념이 무엇인지를 깨달을 수 있다. 사람들이 불쾌하게 여기는 부분은 다양하다. 이 사실이 각자의 문제가 다르다는 것을 보여준다. 내가 극도로 싫어하는 어떤 사람을 다른 사람은 아무렇지 않게 여길 수 있다. 대상은 중립적으로 존재할 뿐, 그 대상을 문제로 만드는 것은 오로지 개인의 판단이다.

이것은 누구나 싫어할 만한 사람이나 상황보다는 사람들의 반응이 양쪽으로 크게 갈리는 사람이나 상황에서 더 잘 알 수 있다. 어떤 중요한 팀 작업을 앞두고 느긋하게 여유를 부리며 일하는 사람과 초조해하며 몰아붙이기를 원하는 사람이 있다. 이때 다른 팀원의 반응은 둘 중 하나일 것이다. 다 같이 일하는 상황에서 여유를 부리며 분위기를 흐리는 사람이 싫다거나, 괜히 날을 세우며 분위기를 경직되게 만드는 사람이 싫다거나. 어느 한쪽이 극도로 싫다면 그것은 개인적인 판단의 문제이지만, 정작 본인은 그 사실을 모른다.

기분이 불쾌해지는 말 역시 개인의 감정적 문제를 비춰준다. "우리 같은 사람들과 저 사람은 급이 달라."라고 싸잡는 말에 불쾌했다면 결국 나 자신만으로도 완벽하다는 사실을 못 믿는다는 뜻이다. 다른 사람이 뭐라고 말하건 나는 완벽하고 사랑스럽다는 사실을 안다면, 다른 사람의 말쯤이야 대수롭지 않게 여길 수 있다. 굳이 화내거나 논쟁하지 않더라도 '음? 나는 그렇게 생각 안 하는데. 내가 저 사람보다 못할 게 뭐야?'라며 금세 가벼워질 수 있는 것이다. 마찬가지로 연애에 고전하는 사람이 "넌 이론에만 강해."라는 다른 사람의 평가에 화가 난다면 스스로 그것이 결점이라고 생각하고 숨기고 싶었다는 뜻일 수 있다. 실제 마음속으로는 끊임없이 연애를 해야 더 가치 있다고 믿고 있는 것이다.

타인의 말은 언제나 나의 무의식적 믿음을 보여주는 지표다. 내가 언제, 어떤 말에 정도 이상으로 화가 나는지 알게 되면 자기 자신에 대해 어떻게 느끼고 있는지도 알 수 있다. 내가 유독 강하고 극단적인 반응을 느끼게 하는 무엇이 있다면, 그것이 곧 자기상과 관련이 있다.

저것만 가지면 모든 문제가
해결될 거란 착각

우리는 자주, 인생에서 뭔가 잘못됐다고 느끼며 무엇인가 하나만 있으면 모든 문제가 해결될 것이라 믿는다. 돈, 연인, 직업 등이 그 '무엇'이다. 하지만 정말 자신이 돈이나 연인, 직업을 원한다고 믿었다면 그건 착각이다.

나에게 사랑한다고 말해주는 연인, 내가 사회적으로 건재함을 보여주는 직업, 원하는 건 뭐든 다 갖게 해주는 돈만 있으면 내 삶의 모든 문제가 해결될 거라고 믿고 있지는 않은가? 정말 뿌리 깊은 착각이다. 우리는 스스로가 진심으로 무엇을 원하는지도 잘 모른다. 우리가 원했던 것은 오로지 자신이 주는 안으로의 사랑이라는 사실을 모른다. 안으로의 사랑, 그것이 모든 결핍감과 공허감의 해결책이다.

자신이 외부에서 받고 싶어 하는 것들은, 내가 나에게 결코 주지 않는 것들이다. 그것이 사랑이건, 풍요롭다는 느낌이건, 내세울 만한 직업이 주는 자신감이건 말이다. 돈이 필요한 사람들은 결코 나 자신에게 풍요롭다는 느낌을 허용하지 않는다. 끊임없이 돈을 세고 허리띠를 졸라매면서도 아직 부족하다고 다그치며 돈 앞에서 자신을 편치 못하게 만든다.

연인만 생기면 모든 게 해결될 거라 믿는 사람들은 스스로에게 사랑을 주지 않으며, 받고 싶은 사랑을 외부에서만 찾는다. 직업에 대해서도 마찬가지다. 저 직업만 가지면 모든 게 좋아질 거라고 믿는 사람들은, 자신이 그런 직업을 가질 자격이 있다고 허락하지 않는다. 자신이 진실로 무엇을 원하는지도 모르고, 엉뚱한 곳에서 찾고 있으며, 원하는 것을 주는 방법도 모르는 총체적 난국에 처해 있는 것이다.

바깥 세상에 싫은 것투성이일 때는 스스로가 싫은 것

혹시 세상에 마음에 드는 게 하나도 없다고 생각하는가? 이것은 삶이 내게 보내는 신호다. 나 자신이 마음에 안 드는 것투성이라는 신호 말이다. 내게 있는 안 좋은 점을 다른 사람에게서 발견하는 것을 심리학 용어로 '투사'라고 한다. 투사의 개념을 참조하면, 나 자신에 대해 마음에 안 드는 것이 넘쳐나기 때문에 외부 세상에서도 마음에 안 드는 것만 보일 수 있다. 누군가가 이유 없이 미운 것 역시 투사일 수도 있다. 내가 싫어하는 나 자신의 모습이 다른 이에게 보여서 화가 나는 것이다.

내 감정을 건드리는 것들은 내 안에 있다. 내 안에 없는 것은 나를 자극하지 않는다. 예를 들면 나와 너무 비슷해서 좋은 사람도 있고, 나와 너무 비슷해서 싫은 사람도 있다. 이 차이는 그 비슷한 부분이 내가 나에 대해 좋아하는 점인가, 나에 대해 싫어하는 점인가다. 예를 들면 내가 나의 논리적인 모습을 좋아한다면, 비슷하게 논리적인 모습을 보이는 사람에게는 나와 비슷하다는 이유로 호감이 간다. 하지만 내가 나의 완고한 모습을 좋아하지 않는다면, 비슷하게 완고해 보이는 사람은 나와 비슷하다는 이유로 싫어하게 되는 것이다.

누군가가 이유 없이 밉다면, 나 자신의 어떤 면을 스스로 미워하고 있는지 돌이켜보는 것이 훨씬 빠르게 감정을 해소할 수 있는 길이다. 어떤 사람이 단지 당신과 똑같이 완고한 면을 가지고 있다고 해서 당신에게 미움받을 필요는 없지 않은가?

당신이 싫어하는 사람들은 단지 당신의 내면에 있는 자신을 투사한 존재일 뿐이다. 외부의 타인들은 모두 당신 자신이다. 사람들은 당신의 분열된 조각이다. 우리는 외부 세상에서 자기 자신의 수 많은 조각들을 보고 있다. 싫어하는 사람이 많을수록, 자신을 더 많이 싫어하고 있는 것은 아닌지 돌아볼 일이다. 사람들을 볼 때마다 스스로에 대해 마음에 안 드는 점을 끊임없이 상기하고 있는 것이다.

사람들 속에서 일체감을 느끼지 못한다면, 모든 사람에게서 싫은 점을 발견한다면 곧 자기 자신을 사랑하지 않는 것이다. 자신이 마음에 들 때는 영화에 나오는 괴팍한 성격의 배우조차 그냥 사랑스럽고 귀여워 보인다. 어떤 모임에 가서 '어쩜 저렇게 다들 사회 부적응자 같고 자의식이 강하고 다른 사람과는 어울릴 줄을 모르지?', '어쩜 저렇게 평범하지 않은 내력들을 가지고 있을까. 난 저 사람들하고 친해지고 싶지 않아'라는 생각이 든다면 나는 그런 면을 가진 나 자신과 친해지고 싶지 않다고 생각하고 있는지도 모른다. 자신 안의 모든 조각들을 싫어하고 있는 것이다.

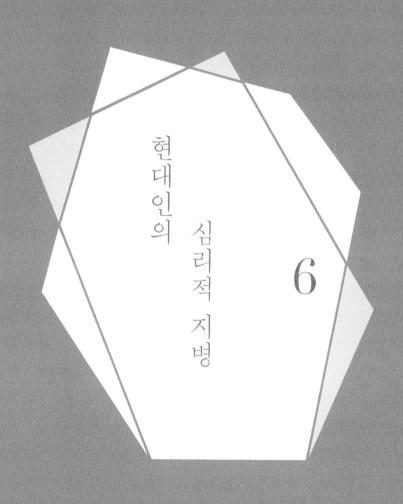

현대인의 심리적 지병

6

평생 당신의 마음을 갉아먹었던
무의식적 믿음은 무엇인가?

'내겐 결함이 있다'는 믿음이
일으키는 문제들

자신에게 문제가 있다는 무의식적 믿음은 생각보다 흔하다. 자신은 전혀 아니라고 믿는 사람조차도 일상의 어느 순간 문득 그런 믿음과 조우하고는 당혹스러워질 수 있다. 결함이 있다는 느낌은 개인의 외부 조건이 좋은지 나쁜지의 문제와 상관이 없다. 학창 시절 내내 우등생이었고 직장에서도 높은 성과를 올리는, 객관적으로 아무런 문제가 없어 보이는 사람조차도 내겐 결함이 있다는 무의식적 믿음을 갖고 있을 수 있다.

결함이 있다는 믿음을 가지게 되는 데 영향을 주는 경험은 사람마다 다르지만, 여기서는 조건적 사랑과 관련한 사례들을 다룰 것이다.

　A는 연인과 헤어진 뒤 자신의 연애가 매번 같은 양상을 보이고 있음을 깨달았다. A는 연애를 하는 동안 항상 연인이 자신을 떠날까 봐 전전긍긍했다. 연인이 떠난 뒤에는 어김없이 '역시 나는 언제든 버려질 수 있는 존재'라는 믿음이 강화되었다. 고통스러운 상황에서 A는 연인이 매번 오래지 않아 자신을 떠나는 이유를 찾는 것밖에 할 수 없었다. 이유를 안다면 좀 더 상황을 받아들이기 쉬울 것이라 믿었기 때문이다.

　A가 찾아낸 이유는, '내게 어떤 문제가 있는 게 분명하다'는 것이었다. 연인이 늘 나를 떠나는 것은 내게 무슨 문제가 있어서, 결함이 있어서 그런 것이 분명하다고 생각했다. 논리적인 비약 같지만 삶에 무슨 문제가 생기는 경우 사람들은 곧잘 자신에게 문제가 있다고 믿어버리곤 한다. 그렇지 않고서야 도무지 삶에 닥치는 문제들을 이해하고 설명할 길이 없기 때문일 것이다. A는 최초로 버림받았던 기억을 회상해본 뒤에야 자신을 괴롭혀왔던 믿음과의 연결고리를 발견할 수 있었다.

　A는 어릴 때 반찬투정을 한다는 이유로 집에서 내쫓겠다는 말을 들은 적이 있었다. 엄마는 A의 옷가지를 담은 짐을 싸놓고, 설거지만 끝나면 내보내겠다고 말했다. A가 더 이상 반찬투정을 하지 않도록 겁을 주려고 한 것이었지만, 여섯 살 아이에겐 두려운 경험이었다. A가 잘못했다고 빌었지만 엄마는 설거지를 하는 내내 A를 쳐

다보거나 반응하지 않았다. 정말 내쫓을 것처럼 단호한 모습을 보여야 A가 반찬투정을 하는 버릇을 고칠 거라는 판단 때문이었다.

A가 울다 지칠 때까지 엄마는 A를 내버려두었다. 결국 엄마는 A를 내쫓지 않았고, 다신 반찬투정을 하지 않겠다는 다짐을 받아냈다. 그러나 A에게 그 경험은 트라우마로 남았다. A의 믿음을 과거의 경험과 관련하여 해석하면 다음과 같다.

첫째. 나는 언제든 버려질 수 있는 존재다(엄마마저도 나를 버렸으니).
둘째. 내겐 결함이 있다(내게 뭔가 문제가 있어서 엄마가 나를 버린 것이 틀림없다. 결함이 있지 않으면 엄마가 자식을 버릴 리가 없다).

버려질 뻔한 경험을 한 후 A는 작은 결함만 있어도 버려질지 모른다는 무의식적인 두려움에 완벽주의가 되었고 타인과 친밀해지는 것을 두려워하게 되었다. 타인과 가까워져 자신의 결점이 노출되면 자신이 버려질 거라는(곧 타인이 떠나갈 거라는) 두려움 때문이었다. "반찬투정을 하면 엄마는 더 이상 너를 사랑해주지 않을 거고, 버릴 거야."라는 조건적 사랑이 자신에게 문제가 있다는 결론으로 이어지게 되었다고 해석할 수 있다.

'내게 결함(반찬투정)이 있기 때문에 나는 버려지는 게 당연하다'라는 생각도 마찬가지다. 최초의 기억을 잊고 살지라도, 과거의 기억은 현재의 삶에 무의식적으로 영향을 미칠 수 있다. 자신의 상처를 의식하지 않고 살고 있더라도, 치유되지 않은 상처는 개인의 삶에 어떤 식으로든 영향을 줄 수 있다는 뜻이다.

A의 이야기는 일례일 뿐, 결함이 있다는 생각을 갖게 되는 이유는 다양할 것이다. 어쨌든 결함이 있다는 느낌은 일상생활에 다양한 문제를 일으킨다. 다른 사람과 친밀해지지 못하는 것, 실력이 있는데도 최고 성적을 올리지 못하는 것, 연애가 오래가지 못하거나 아예 사랑하기를 두려워하는 것, 일상에서 겪는 다양한 극단적인 감정들까지도.

내게 결함이 있다는 생각은 다음과 같은 잘못된 믿음으로 이어질 수도 있다.

첫째. 내 결함을 들키면 버려질 것이다.
둘째. 나는 결함이 있어 최고의 것을 가질 자격이 없다. 세상은 내게 원하는 것을 주지 않는다.

이런 인지적 믿음들은 인생의 모든 영역으로 뻗어나가 문제를 일으킨다. '결함을 들키면 버려질 것'이라는 믿음이 네 가지 문제로 나타난 경우를 사례로 살펴보자.

1. 성공을 두려워한다.
쉽게 이해되지 않는 일이다. 성공을 마다할 사람이 있을까? 그럼에도 우리의 무의식은 교묘하게 자신의 성공을 가로막는다. 이 과정은 아주 미묘해서 쉽게 인식하기 어렵다. 언제나 방어기제는 무의식적으로 작용해 우리를 보호하기 때문이다. 만약 항상 중요한 시점에 결정적인 실수를 해서 일을 망쳐버린다거나, 한 발만 내딛으면 성공인데 뭔가 알 수 없는 이유로 성장하지 못한다는 생각이 든다면 혹시 스스로 성공을 두려워하고 있는 것은 아닌지 검토해볼 필요가 있다.

B는 계약만 하면 모든 일이 성사될 수 있는 상황에서 망설이며 주저했다. 마치 자신의 성공을 두려워하고 스스로 망치고 있다고 느껴질 정도였다. 성공을 위해 열심히 해나가다가도 항상 성공이 코앞에 보이는 인생의 중요한 관문에서 망설이고 확신을 갖지 못했고, 그 때문에 기회를 놓친 적도 많았다. B는 자신이 사람들이 주목할 만큼 성공하면, 자기 실체와 밑천이 드러나 비난을 들을까 봐 두렵다고 했다.

실체와 밑천이라는 용어가 B의 자기인식을 보여준다. 실체가 따로 있고, 밑천이 드러날 거라는 생각은 곧 내게 결함이 있다는 생각이나 다름없다. B는 자신에게 사람들이 모르는 결함이 있다는 믿음을 갖고 있었다. 사회적으로 인정받는 학벌이나 실력을 갖고 있었음에도 스스로 결함이 있다는 생각 때문에 자신의 성공을 두려워했던 것이다.

2. 사람들과 쉽게 친밀해지지 못한다.

결함이 있다는 생각은 친밀감 형성을 방해할 수 있다. 누군가와 친밀해지기 위해서는 자신을 있는 그대로 솔직하게 드러내는 과정이 반드시 필요하다. 하지만 결함이 있으면 버려질 거라는 무의식적 믿음을 갖고 있는 사람에게 결함을 노출한다는 건 버려짐을 상기시키는, 두려운 일이다.

진짜 자기를 감추는 데 급급한 사람은 다른 사람과 친해지는 일이 쉽지 않다. 거리를 두고 자신을 다 보여주지 않는 사람은 확실히 타인에게 친해지기 어렵다는 느낌을 준다. 이들에게는 '내 실체를 알면 저 사람은 나를 떠나갈 거야'라는 생각이 흔하다. 스스로에게 결함이 있다고 느끼는 사람이 누군가와 친밀해지기 위해 자기를 드러낸다는 건 '버려질 위험'을 감수해야만 하는 고통스러운 일인 것이다. 따라서 이런 사람은 누군가와 친밀해져 버려질지도 모르는 상황을 만들기보다는 차라리 혼자 지내기를 선호한다.

완벽주의 또한 결함이 있다는 생각과 관련이 있을 수 있다. 결함이 있으면 버려질 거란 두려움 때문에 필사적으로 완벽한 모습을 보여주고자 노력하는 경우다.

3. 연애를 거부하거나 연애가 오래가지 않는다.

연애 또한 인간관계다. 연애가 다른 관계와 다른 점은, 전적으로 상대에게만 헌신하기를 암묵적으로 요구하는 관계라는 것이다. 이렇게 엄청난 서약을 바탕으로 한 관계는 보통의 인간관계보다 훨씬 위험부담이 크다. 도박이나 투자를 할 때 더 많이 베팅할수록 더 많이 잃을 가능성이 커지는 것과 비슷하다. 다른 모든 관계를 뒤로하고 나를 우선순위로 놓으라고 암묵적으로 요구하던 관계를 잃는 것은 보통의 인간관계를 잃는 것보다 더 두렵다. 어쩌면 당연한 일이다. 연인은 언제나 생애 초기 주 양육자와의 관계와 대치될 수 있는 중요한 관계다.

버려지는 경험을 원천적으로 차단하기 위해 아예 연애를 거부하는 경우도 많다. 우리의 자기방어기제는 참으로 놀라워서, 누군가를 사랑해서 버려질 위험을 감수하느니 차라리 아예 버려질 일이 없도록 '무관계-무감동'을 선택하는 일이 비일비재하다. 기쁨도 고통도 큰 관계를 형성하는 것보다는 위험부담이 없는 무미건조한 일상이 낫다는 선택이다. 자신에게 결함이 있다거나, 버려질지도 모른다는 두려움은 이렇게 다양한 방식으로 일상에 영향을 미칠 수 있다.

4. 실력만큼 인정받지 못한다.

또한 다음과 같이 항상 어딘가 문제가 있는 연애를 하거나, 조건에 비해 평판이 떨어지는 학교나 회사에 들어가거나, 실력만큼 인정받지 못하는 문제로 나타나기도 한다.

만약 항상 어딘가 문제가 있는 연애를 한다면, 내게 결함이 있어 완벽한 행복이 주어질 리 없다는 생각과 관련이 있을 수 있다. 완벽한 이성이 날 좋아할 리가 없다는 생각, 나를 사랑해주는 저 사람은 겉으론 멀쩡해 보여도 알고 보면 문제가 있을 것이라는 생각을 한다. 그리고 여지없이 이런 생각은 행복해지기에 결정적인 문제가 있는 특성을 가진 상대방을 만나게 한다.

실력에 비해 평판이 떨어지는 학교나 회사에 들어가거나 실력만큼 인정받지 못하는 경우도 있다. 내게 결함이 있기 때문에 최고의 것이 주어질 리 없다고 생각하기 때문이다. 최고의 학벌, 최고의 직장, 최고의 수입 등이 내게 주어질 리가 없다고 믿는 것이다.

이처럼 개인의 일상에 나타나는 다양한 문제는 '내게 결함이 있다'는 근본적인 믿음과 관련지어 해석될 수 있다. 사랑은 언젠가 끝나 나를 버릴 것이다(오래 행복할 수 없다). 내겐 돌이킬 수 없는 치명적인 결함이 있어서, 세상은 내 말을 들어주지 않고 내가 원하는 것을 주지 않는다. 언젠가 결함을 들키면 나는 버려지고 말 것이라는 두려움 때문에 더 큰 성공을 거부한다. 내가 높은 자리로 올라가면 사람들이 나를 주목할 것이고, 내 실체를 알게 되면 나는 처참하게 버려질 거라는 생각('내 실체가 들통나면 나는 끝장이다!') 때문이다.

상황에 어울리지 않는 극단적 감정을 느끼는 경우

자신에게 결함이 있다는 생각은 일상생활에서 겪는 감정들과도 관련되어 있을 수 있다. 상황에 어울리지 않을 정도로 극단적인 감정은 주로 트라우마와 관련이 있다. 어떤 상황에서 과도하게 화가 난다면 그 상황과 비슷한 과거의 트라우마나 고통스러운 상황에 대해 화를 내는 것일 수 있다는 뜻이다. 예를 들면 이렇다.

C는 어느 날 엘리베이터에 타는 이웃에게 인사를 했다. 그런데 이웃은 본 척도 하지 않고 대답도 하지 않았다. C는 생각했다. '왜 인사를 무시해? 짜증나게.' C의 첫 반응은 인사가 무시당했을 때의 보편적인 반응이다. 하지만 C는 곧, '왜 인사를 안 받아줘? 정말 죽여버리고 싶네. 사람 말이 안 들리나? 도대체 뻔히 보고 들으면서 왜 무시하는 거야?'라고 생각하게 됐다.

여기서 뭔가 상황에 어울리지 않는 듯 보이는 감정이 '죽여버리고 싶네'다. C는 짧은 순간 극단적인 분노를 느끼며 스스로도 놀랐다. '내가 왜 이러지? 왜 이 정도로 화가 나는 거지?' C는 불쾌했지만 애써 스스로를 진정시키며 카페로 갔다. 카페에서 병에 든 음료를 받은 C는 가까운 거리에 있는 종업원에게 얼음과 컵을 달라고 말했다. 종업원은 C를 쳐다보지도 않고 다른 사람의 음료를 제조했다. C는 하는 수 없이 다른 종업원을 불러 얼음과 컵을 달라고 말했다. 그 순간 C의 말을 무시했던 종업원이 역시 쳐다보지도 않고 말없이 컵에 얼음을 담아 내주었다.

C는 생각했다. '왜 사람이 말하는데 쳐다보지도 않고 대꾸도 안 해? 분명히 들었으면서.' 더욱 이상한 건 조금 전 엘리베이터에서처럼 '죽여버리고 싶다'는 생각이 마음속에 치민다는 것이었다. C는

확실히 상황에 어울리지 않는 과도한 감정임을 알면서도 분노를 참을 수가 없었다.

타인에게 말을 무시당하는 것은 마냥 기분이 좋은 상황은 아니다. 무안함을 느끼거나, 짜증이 날 수 있는 상황이다. 그런데 그 상황에서 '죽여버리고 싶다'는 생각이 든다는 건 확실히 극단적인 감정이다. 비단 C뿐만 아니라 사람들은 종종 상황에 어울리지 않는 극단적인 감정을 느낀다. 가족의 아주 사소한 실수에 극도로 화를 내는 것이 그 예다. 이런 상황에 어울리지 않는 극단적인 감정은 과거의 비슷한 경험으로 인해 촉발된 것일 수 있다. C의 경우에는 타인에게 말을 무시당한 상황이, 어린 시절 설거지하던 엄마에게 매달렸지만 외면당한 상황과 본질적으로 같았다.

상황이 매번 다르기 때문에 각각의 상황들이 본질적으로 같은 상황임을 깨닫기가 힘들 수 있다. 하지만 과거의 고통스러운 상황과 아무런 관련이 없어 보이는 상황일지라도, 경험하는 감정은 같을 수 있다.

C의 경우 엘리베이터, 카페, 어릴 적 무시당한 경험은 모두 다른 상황처럼 보이지만 그 안에서 경험하는 감정은 같았다. 엘리베이터와 카페에서 말을 무시당했을 때의 감정은 모두 '왜 사람이 말하는데 쳐다보지도 않고 대꾸도 안 해?'였다. 어린 시절 엄마가 반응하지 않았을 때의 감정은 '내가 이렇게 애원했는데 왜 쳐다보지도 않고 반응도 안 해?'였다.

매달리는 동안 엄마가 바라봐 주고 자신의 말을 들어주기를 원했지만 외면당한 일은 C에게 고통스러운 경험이었을 것이다. 그러므로 어른이 된 후 그때의 트라우마와 같은 감정('왜 내가 말하는데 쳐다보지도 않고 대꾸도 안 해?')을 느끼게 하는 상황을 만나면 과도하게 화가 났을 수 있다. C는 단지 대꾸하지 않은 현재의 상대방에게 화를 내는 게 아니라, 자신을 무시했던 과거의 엄마에게 극도로 화를 내고 있는지도 모른다. 상대를 죽이고 싶다는 감정은 현 상황에 비추어 보면 매우 비합리적으로 보이지만, 부모로부터 외면당하는 위기에 처했던 어린아이에게는 합당한 감정일 수도 있다. 외면당한 경험 속에서 아이는 죽음에 처한 것과 같은 두려움을 느꼈을지도 모르기 때문이다.

극단적이고 과도한 감정은 아직 해결되지 않은 과거와 관련되어 있을 수 있다. 일상을 살면서 자신에게 반복되는 감정이 무엇인지 검토해보면 자신의 상처를 발견할 수 있다. 언제나 상황은 교묘하게 다른 옷을 입고 오지만, 그 안에 있는 감정은 같다. C에게는 '내가 말하는데 왜 듣지도 않고 쳐다보지도 않아?'라는 감정을 유발하는 상황이 계속해서 왔다. 사람들이 겪는 극단적 감정은 트라우마 상황과 관련이 있는 경우가 많다. 예를 들면 연인이 내가 평소에 좋아하지 않는다고 말했던 물건을 사 왔을 때 그저 싫은 정도가 아니라 극도로 화가 나는 것 역시 '왜 내 말을 귀담아듣지 않아?'라는 감정을 유발했던 과거의 경험 때문일 수 있다.

D에겐 독특한 증상이 있었다. 자신이 쓴 글을 다른 사람에게 보여주고 나면 수치심을 느꼈다. D는 시를 쓰는 것을 좋아했는데, 시를 써서 보여주고 나면 언제나 수치심에 시달렸다. 자신의 글이 부끄럽다는 느낌이었다. 모든 사람들이 보는 SNS에 글을 올렸다가도 D는 금세 부끄럽다는 생각이 들어 글을 내리곤 했다. 단지 수치스럽다는 느낌 정도가 아니라, 자신의 글을 볼 때 마치 몸이 찢기듯 괴로운 느낌이었다. 뭔가 부족하고 틀렸다는 느낌이 어디서 오는지 생각해봐도 쉽게 원인을 찾을 수가 없었다.

그러다 중요한 사실을 깨달았다. 수치심은 늘 남에게 시를 보여준 후에 생겼다. D가 혼자 시를 쓰고 볼 때는 부끄러웠던 적이 한 번도 없었다. 혼자 알고 있을 땐 자신 있고 재미있던 글들이 남들에게 보여주고 난 후에는 너무 수치스러워졌다. 심지어 타인으로부터 "잘 썼다"는 평가를 들어도 그랬다. 그래서 아예 타인들에게 보여주지 않게 됐다.

수치심은 사회적 감정이다. 누군가 본다는 생각이 수치심을 만들어낸다. 나 혼자 있다면 부끄러울 일이 없다. 결함이 있다는 생각 그 자체로 수치심을 느낀 것이 아니라, 자신의 결함을 타인이 봤다는 생각 때문에 수치심을 느꼈던 것이다. 타인의 시선이 왜 수치심을 만들어내는가? 결함은 타인이 보든 안 보든 존재하는데 타인이 볼 때만 수치심을 느낀다는 건, 이 경우에 수치심의 원인이 결함 그 자체가 아니라 타인의 '시선'이라는 것이다. 내 결함을 나만 알고 있으면 부끄럽지 않은데 남들이 알게 되는 건 아주 수치스럽다. 왜일까? D의 경우엔, 결함이 있으면 버려질 거라는 신념 때문이었다.

이 신념 때문에 D는 강렬한 수치심을 느꼈다. 타인의 시선을 받는다는 건 곧 자신의 결함을 들킬지도 모르는 일이었다. 결함이 있음을 들키는 건 버려지는 일이고, 자신이 어릴 때 그랬듯 그건 죽음이었다.

꼭 앞의 A처럼 직접적으로 버려질 뻔한 경험이 있지 않더라도, 많은 아이들이 다양한 상황에서 잘못하면 버려질지도 모른다는 무의식적인 암시를 받는다. 단지 시험 성적이 떨어졌을 때 조금 표정이 굳어진 부모를 보는 것만으로도 '사랑을 잃을지도 모른다'는 두려움을 느끼게 될 수 있다. 아이에게 세계나 다름없는 부모의 사랑을 잃는다는 것은 버려짐이나 다름없는 경험이다.

"넌 문제가 있으니까 버려져야 돼."

부모에게 받았던 이 메시지가 무의식에 각인되면, 타인의 시선을 의식할 때마다 두려워하게 될 수 있다. D에겐 부족한 점이 있어도 다른 사람이 있는 그대로 받아줄 거라는 믿음이 없었다. 문제 하나가 생겨도, 사소한 문제 하나만 보여도 저 사람은 나를 떠날 거라고 의심하곤 했다. 자라는 동안 경험해온 조건적 사랑을 통해 문제가 있다는 건 곧 버려지는 일임을 배웠기 때문이었다. 시험 성적이 떨어지거나, 반찬투정을 하거나 그 외의 사소한 일로도 버려질 수 있는 존재였다면 다른 사소한 결점 때문에도 버려질 수 있다고 충분히 믿을 만하다.

> 타인이 나를 본다
>
> ⇒ 내 결함을 알아챌지도 모른다
>
> ⇒ 결함을 알아채면 나를 떠나거나 버릴 것이다
>
> ⇒ 버려지면 나는 죽을 것이다

이렇게 두려움을 일으키는 생각들은 비약적으로 발전해 엉뚱한 결론에 도달한다. 본능적인 두려움에 논리가 끼어들 여지는 없다. 하지만 어린아이의 인식 수준에서는 자연스러운 일인지도 모른다. 혼자 생존할 능력이 없는 어린아이에게 버려진다는 건 죽음으로 내몰리는 것이나 마찬가지이기 때문이다. 고작 타인이 나를 본다는 생각에 죽을지도 모른다는 두려움으로까지 발전하는 것도 어쩌면 당연하다.

D는 타인이 오로지 실수 하나로 인해 자신을 버릴 수도 있다는 가능성 때문에 결함 하나라도 들키면 끝장이라고 생각했고, 모든 일을 완벽하게 잘 해냈다. 당연히 겉으로는 아무 문제가 없었다. 그래서 D는 부족한 점이 있을지도 모르는 자신의 글을 보여주는 일

이 두려웠던 것이다.

나의 결함을 들키는 것이 그토록 두려운 이유는 단지 결함 하나의 문제가 아니기 때문이다. 스스로가 그 결함 하나 때문에 버려질 수 있는 나약한 존재라는 생각 때문이다. 아무리 좋은 점이 많아도 나쁜 점 하나라도 들키면 안 된다는 생각 때문이다. 살아오는 내내 그 신념에 반대되는 경험을 하지 못했다면 두려움이 계속 유지되는 것이 당연하다.

이성적으로 생각하면 이 신념은 옳지 않다. 조금 부족한 점이 있을 뿐인데 타인이 나를 떠나간다는 말이 맞는가? 하지만 어떤 사람들은 그 일이 실제로 일어났기 때문에, 혹은 조건적 사랑을 받아왔기에 그것이 가능한 일이라고 믿게 되었다. 부족한 점이 하나라도 있으면 버려져야 마땅하다고 말이다. '뭐 하나만 잘못해도 저 사람은 내게서 돌아서겠구나, 틈을 보여선 안 돼.'라는 당신의 생각은 어쩌면 잊고 살았던 과거의 경험에서 왔는지도 모른다.

어떤 사람들은 어릴 때 자신을 통합적으로 받아들일 수 없도록 만드는 경험을 한다. "이런 점이 있어도 널 사랑해."가 아니라, "이런 점 하나 때문에 널 버려야겠다."라는 도식을 품고 살아가는 사람은 자신의 부족한 면을 직시하거나 받아들이지 못한다.

이런 사람들은 성인이 되어도 삶에 비슷한 양상이 계속될 수밖에 없다. 예를 들면 성인이 되고 나서도 부모와 갈등이 생길 때마다 부모가 "너랑 못 살겠어. 집에서 나가."라는 식으로 반응한다면 어떨까. 양육자가 갈등을 견디거나 조정하지 못하고 작은 문제만 생겨도 밀어내는 모습을 보인다면, 자녀는 자신에게 결함이 있다는 생각을 굳히게 될 수 있다.

참을 수 없는
감정의 본질 파악하기

일상을 잘 관찰하면, 그 속에서 반복되는 '참을 수 없는 감정'의 본질을 파악할 수 있다. 상황의 양상에 속지 말아야 한다. 같은 감정은 언제나 상황이라는 옷을 다르게 갈아입고 온다. C의 경우에서 보듯, 엘리베이터에서 인사를 무시당한 경험과 카페 종업원에게 무시당한 경험은 모두 다른 양상으로 보이지만 C가 경험한 감정은 하나였다. '왜 사람이 말하는데 쳐다보지도 않고 대꾸도 안 해?'라는 분노 말이다.

과거를 더듬어 인생에서 계속 반복되는 감정을 처음으로 느꼈던 기억을 떠올려보라. 지금껏 한 번도 의식해본 적 없더라도 '최초 감정'은 분명히 존재한다. 최초 감정을 일으킨 그 사건은 인생 전반에 대한 믿음을 형성할 수 있다. 어떤 사람들은 자신의 경험 때문에 스스로에게 결함이 있다는 결론을 내리게 되고, 결함이 있다는 생각이 위에서 보듯 다양한 문제를 일으킨다.

이처럼 최초의 상처 경험과 그로 인해 만들어진 무의식적 믿음이 무엇인지 확인할 필요가 있다. 내게 결함이 있다는 생각은 사람들 사이에 꽤 흔하다. 물론 이 생각은 교묘하게 본체를 감추고 마치 다른 문제인 듯 삶의 다양한 측면에서 나타나기 때문에 의식적으로는 그 문제들이 결함이 있다는 생각과 관련이 있음을 깨닫기 어렵다. 결함이 있다는 믿음의 배후에는 조건적 사랑의 경험이 흔히 존재한다.

버려질 뻔한 일처럼 겉으로 심각해 보이는 경험만이 트라우마를 일으키는 것은 아니다. 예를 들어 어린 시절 장난감 반지가 갖고 싶었으나 부모님이 형은 사주고 내게는 사주지 않았다면, 그때 어린 아이가 보일 수 있는 보편적인 반응은 무엇일까? 인간은 어떻게든 자기가 처한 혼란스러운 상황을 이해하고 싶어 하기 때문에 상황의 이유를 찾는다. 형은 원하는 것을 갖고 나는 원하는 것을 갖지 못한, 도무지 이해할 수 없는 상황을 이해하기 위해 스스로를 납득시킬 수 있는 이유를 찾는 것이다. 이유를 찾을 때 가장 쉽게 생각할 수 있는 것이 '내게 문제가 있다'는 생각이다.

부모님이 형에게만 반지를 사주고 내게는 안 사주셨다.

⇒부모님은 형만 좋아하고 나는 별로 안 좋아하나?

⇒왜 나를 별로 안 좋아할까?

⇒내가 뭘 잘못했나? 내가 부족한가?

⇒나한테 무슨 문제가 있나?

⇒나에겐 결함이 있는 게 틀림없어!

결함이 있다는 생각은 이런 식으로 자리 잡는다. 어린아이의 입장에서는, 내게 문제가 있는 것이 아니라면 부모님이 내게만 원하는 것을 주지 않을 이유가 없다고 생각하게 되는 것이다. "넌 아직 어리니까 형만큼 크면 사줄게."라는 부모의 말은 갖고 싶은 것을 갖지 못한 어린아이에게는 충분한 설명이 되지 않는다. 부모는 아이가 반지를 삼키면 위험할까 봐 안전을 염려하는 마음으로 사주지 않았다고 하더라도, 아이에게 그 경험은 전혀 다른 그림으로 남게 된다. '내가 조금 더 크면 부모님이 분명히 장난감 반지를 사주실 거야.'라고 스스로 다독일 줄 아는 아이는 거의 없겠지만, 떼쓰지 않고 그 상황을 받아들였더라도 마음속에는 여전히 이해되지 않는 의문이 남는다. "진짜 왜 안 사줬지? 부모님은 나를 안 사랑하나 봐. 왜 안 사랑하지? 내게 결함이 있기 때문일 거야!"

이런 생각은 버려질 뻔한 경험 때문이 아니다. '고작' 장난감 반지를 형은 사주고, 내게는 사주지 않았던 경험 때문이다. 고작 이런 일로도 결함이 있다는 생각을 갖게 될 수 있다. 엄살도 아니고 예민하게 구는 것도 아니다. 이렇게 살아오며 누구나 한 번쯤 경험해볼 만한 일이 결함이 있다는 생각으로 이어질 수 있다. 평생 당신의 마음을 갉아먹었던 무의식적 믿음은 무엇인가?

이런 식의 조건적 사랑은 너무도 흔하다. 부모의 입장에선 최선의 결정이었을지라도 아이에게는 고통스러운 조건적 사랑의 경험이 될 수 있다. 물론 모든 사람들이 조건적 사랑을 받고 트라우마를 경험하는 것은 아니다. 충격적인 상황을 경험하고도 문제없이 잘 살아가는 사람들도 있다. 같은 상황을 어떻게 받아들이고 극복하느냐는 개인의 탄력성과 기질에 따라 다르다.

'탄력성'이란 힘든 경험을 하고도 회복할 수 있는 심리적인 능력을 말한다. 똑같이 열악한 상황에서 자랐지만 건강하게 기능하는 사람도 있고, 갖은 심리적 장애에 시달리는 사람들이 있는 것은 사람들마다 탄력성이 다르기 때문이다. 어쨌든 심리적으로 취약한 개인이 조건적인 사랑을 받을 때 보편적으로 내리기 쉬운 결론이 '내게 결함이 있다'이다. 결함이 있다는 생각은 또 다른 조건문장으로 이어진다. '내겐 결함이 있기 때문에 나는 …을 해야만 사랑받을 수 있어.'라는 생각이다.

평소보다 시험 성적이 떨어졌을 때 양육자의 표정이 좋지 않았다면, '부모님은 내가 성적을 잘 받았을 때만 사랑하는구나', '성적이 높지 않을 때의 나는 사랑받을 가치가 없구나', '나는 열심히 공부를 해서 높은 성적을 올려야만 가치 있는 사람이 되는구나'라고 생각하게 된다. 아주 자동적인 사고 과정이어서 스스로 결함이 있다는 무의식적 신념을 갖고 있다는 사실조차 깨닫지 못한다. 겉으로 아무 문제가 없어 보이는 사람조차도, 의외로 내겐 문제가 있다는 생각을 갖고 있을 수 있다.

대체로 조건적인 사랑을 받은 경험이 '내게 결함이 있다'는 생각으로 이어지기 쉽지만, 또 다른 인지적 믿음을 갖게 될 수도 있다. 개인의 무의식에 자리한 핵심적 믿음은 사람마다 다르다. 인생에서 어떤 문제에 부딪힐 때마다 그 문제가 한 가지 감정과 통하지 않는지 되돌아보라. 중요한 과거의 기억들을 떠올려보고 그때의 핵심 감정이 무엇인지 생각해보면 현재 자신이 주로 느끼는 감정들과의 연결고리가 있음을 알게 될 것이다.

'…해야 한다'라는
주장 버리기

받아들임과 동일시는 다르다. 결점을 받아들이되 결점과 나를 동일시할 필요는 없다. 나는 단지 나의 장점인 것도, 단점인 것도 아니다. 나는 그 모든 특성이 골고루 존재하는 고유한 존재다. 나를 결함 그 자체와 동일시할 필요는 없다. 결함 그 자체가 나인 것은 아니다. 나의 마음에 들지 않는 면을 거부할 필요도 없다. 대신에 나 자신의 모든 면을 골고루 직시할 수만 있으면 된다. 구석으로 밀어 넣고 외면해서 먼지가 쌓여왔던 측면을 똑같이 꺼내 깨끗이 닦아주는 것이다.

개인의 특성은 중립적으로 존재함에도, 인간은 그것을 평가하고 판단해 장점과 단점으로 분류한다. 예를 들어 느긋함이라는 특성은 중립적으로 존재하지만 좋다거나 나쁘다는 판단과정을 거쳐 장점이 될 수도, 단점이 될 수도 있다. 우리 신체의 특성도 마찬가지다. 그것들은 모두 그 자체의 고유한 모습대로, 좋지도 나쁘지도 않은 중립적인 모습으로 존재한다. 나 자신의 특성을 판단하지 말고 그저 중립적으로 바라보라.

우리가 '…해야 한다'는 내면의 주장 때문에 얼마나 많은 고통을 자초하는지 알고 있는가? 나는 이만큼의 성공을 해야 해, 인기인이 돼야 해, 능력 있는 사람으로 인정받아야 해, 이런 직장에 가야 해, 내 몸매는 이래야 해…. 심지어 타인에 대해서도 마찬가지다. 저 사람은 나한테 더 친절하게 대해줘야 해, 저 사람은 일을 더 꼼꼼하게 해야 해, 저 사람은 좀 더 나를 배려해야 해… 이렇게 반드시 '해야 한다'는 주장은 어디서 왔는가? 정말로 반드시 그렇게 해야만 하는 것인가?

그렇게 해야만 하는 이유를 끝까지 파고 들어가다 보면 나도, 상대도 그렇게 해야만 할 이유는 어디에도 없다는 것을 알게 된다. 그럼에도 알 수 없는 자기만의 까다로운 기준을 설정해놓고 고통받는 일이 흔하다. 나 자신에게 스스로 들이대는 모든 잣대들을 되돌아보라. 그것이 정말로 그래야 할 이유가 있는지, 그러한 기준들은 어디에서 왔는지. 사회의 기준을 그대로 답습하고 있었든 부모에게 물려받은 정신적 유산이든 상관없이, 어떤 기준을 따를 것이냐는 스스로의 결정이다.

'해야 한다'라는 내면의 주장이 지켜지지 않으면 세상이 어떻게 될까? 자기만의 기준을 정해놓고 내가, 타인이, 일이 어떻게 되어야만 한다고 주장을 하는 사람 혼자 스트레스에 시달리고 고군분투할 뿐이다. 그 모든 '해야 한다'를 내려놓을 때, 판단과 분별을 내려놓을 때 인간은 진정으로 자유로워질 수 있다.

먼저 자기 스스로에 대한 모든 근거 없는 분별과 '해야 한다'라는 주장을 내려놓아야 점차 타인에게도 관대해질 수 있다. 그렇게 함으로써 내 뜻대로 되지 않는 타인 때문에 고통받는 일이 줄어든다면 얼마나 근사한가?

자신의 결점을 대하는 올바른 태도

자신의 결점을 대하는 태도는 어떠한가? 그저 '나에게는 결점이 있다'고 생각하는가, 아니면 '나에게는 결점도 있고, 장점도 있다'고 생각하는가?

단점이 있다는 생각 자체에는 아무런 문제가 없다. 다만 결점이 곧 나라고 동일시할 때 자기를 사랑하는 길이 막힌다. 나는 결점이 있기 때문에 가치 없는 존재라는 결론에 이르게 될 때 자기를 사랑할 여지는 없다. 사랑에 명암이 있듯이 우리 개개인에게도 다양한 면이 존재한다.

모든 인간은 장점과 단점이 골고루 섞인 존재다. 그럼에도 잘하는 것도 있고 못하는 것도 있는 우리 자신을 있는 그대로 받아들이기란 사실 쉽지 않다. 결점을 인정한다는 것은 가치 없는 인간임을 인정한다는 뜻 같기 때문이다. 하지만 나에게 부족한 점이 있어도 나 자신의 가치는 변하지 않는다. 내가 가지고 있는 모든 것이 나다. 그 독특한 비율의 배합 때문에 나 자신이 유일하고 독특한 개체가 되는 것이다.

그 사실을 받아들이기 위해 나를 통합적으로 바라보는 연습이 필요하다. 거울 앞에서, 평생 거부하고 저항해왔던 내 신체의 한 부위를 보면서 "그래, 너도 나야."라고 말해보거나, 평생 거부해왔던 나의 어떤 성격적, 심리적, 외모의 특성을 똑바로 직면하며 '너도 나'라고 말해보는 것이다. 평생 내 것이기를 거부해왔고 이리저리 비틀어 없애려고 해왔던 부위에 대해서 말이다. 그저 그 모든 것이 나임을 인정하라. 처음부터 사랑하려고 애쓸 필요는 없다. 사랑하기 전에 받아들임이 선행되어야 한다. 그저 멋진 내 모습도, 마음에 안 드는 내 모습도 나임을 인정하겠다고 선언해보는 것이다.

"조금 부족하지만, 너도 나야."

마음에 들거나 마음에 들지 않는 그 모든 부분이 나의 조각임을 인정하고, 그 조각들의 합이 나임을 받아들이자. 지금껏 부조화의

극치로만 보였던 각각의 조각들이 얼마나 독특한 자기만의 빛을 발하고 있는지 가만히 들여다보라. 그저 쳐다보는 것이다.

마음에 들지 않았던 나의 일부분을 직시하는 데서 받아들임의 첫걸음이 시작된다. 우리는 받아들일 수 없는 것은 입에도 담지 않으려 하고, 쳐다보지도 않으려 한다. 아무런 저항 없이 "너도 나야." 라고 말할 수 있다면 이제 싫은 면도 나임을 인정할 수 있게 됐다는 뜻이다. 인정은 자기사랑의 첫걸음이다. 자기의 모든 부분을 인정하고 통합해야 외면해왔던 그림자를 다룰 수 있다.

내 성격의 어두운 부분, 그림자

"손님 갈 때까지, 이 방에서 나오지 마!"

이렇게 말하는 사람을 본 적이 있는가? 누가 보면 큰일이라도 날 것처럼 방에 욱여넣고 문까지 걸어 잠근다. 남들에게 내놓기 부끄럽다는 듯 윽박을 지른다. 울거나 소리 질러선 안 되고, 숨소리조차 내선 안 된다고 말한다. 집을 방문한 손님에게 존재를 들켜선 안 되기 때문이다. 도대체 무슨 잘못을 했기에 저렇게까지 하는 걸까. 너무 가혹해 보이는가?

실은 우리 모두가 매일 하고 있는 일이다. 나는 그렇지 않다고? 대부분은, 자신이 결코 그렇게 야박한 말을 타인에게 해본 적이 없다고 말할 것이다. 물론 타인에게는 해본 적 없을 것이다. 다만 자기 자신에게는 끊임없이 하고 있다. 여기서 손님은 일상에서 만나는 타인이며, 방에 감춘 것은 내가 부정하고 싶은 내 성격의 일부분이다. 우리는 스스로 무슨 일을 하는지조차 모른 채 매일 그런 일을 일삼고 있다.

사람들은 사회생활을 할 때 적절한 사회적 가면을 쓰며 그에 어울리지 않는 자기의 일부분은 감춘다. 징징거리고 싶은 유아적 태도, 비이성적이고 감정적인 모습, 비아냥대고 싶은 마음, 잘난 척하고 싶은 충동 등 성인에게 어울리지 않는다고 생각하는 모습을 가면 뒤로 억눌러놓는다. 이렇게 억압해둔 자아의 일부분을 융은 '그림자'라고 불렀다.

모든 사람에게는 그림자가 있다. 그림자는 살아오는 동안 주변 사람들의 평가를 받으며 자아의 뒤로 숨는다. 성격 중 타인이 부정적으로 평가한 부분들은 자아로 통합되지 않고 억눌린 그림자가 된다.

> "너 왜 이렇게 짜증이 많니, 왜 이렇게 이기적이니, 왜 이렇게 말이 많니, 왜 이렇게 덜렁대니, 왜 이렇게 나약하니, 왜 이렇게 끈기가 없니…"

이런 평가를 듣고 자라면, 이러한 성격들이 부적절하다고 느끼고 타인에게 보이지 않기 위해 애를 쓰게 된다. 과도한 스트레스를 받을 때 이렇게 억눌린 성격의 일부분, 즉 그림자가 튀어나온다. 고매한 인격으로 칭송받던 사람이 사회적으로 문제가 되는 행동을 하거나, 높은 도덕성을 요구받는 직업을 가진 사람들이 법적인 문제에 많이 연루되는 것은 사회생활을 할 때 자신의 어두운 측면을 더 많이 억눌러야만 하는 데서 오는 반작용이다. 좋은 사람처럼 보이려 애써야 하는 시간이 많기 때문에 억눌려 있던 개인의 미숙한 성격이 튀어나오는 것이다.

불편한 타인이
내게 주는 기회

더 심각한 문제는 그림자를 내 것으로 인정하지 않고 타인에게로 돌리는 '투사'다. 투사는 곧 '남 탓'이다. 사회에는 투사가 넘쳐난다. 자신의 것으로 인정하지 못하는 혐오스러운 측면들을 사람들은 끊임없이 타인의 것으로 돌린다.

"저 사람 왜 이렇게 천박해? 저 사람 왜 이렇게 무식해? 저 사람 왜 이렇게 감정적이야? 저 사람 왜 이렇게 무례해? 저 사람 왜 이렇게…"

이런 반응이 투사인지 단순한 판단인지 구분할 수 있는 방법이 있다. 타인의 어떤 태도가 나에게 극단적인 부정적 감정 반응을 일으킨다면 투사다. 반면, '단지 저 사람은 저렇구나…' 하며 특별한 감정적 동요 없이 지나칠 수 있다면 투사가 아니다. 저런 모습이 내게 있다고? 인정할 수 없는 사람도 많을 것이다.

도무지 인정할 수 없는 이유는, 내 안에 있지만 내가 결코 밖으로 드러내지 않으려고 경계해왔던 모습이기 때문이다. 내가 나의 일면으로 통합하지 않고 있는, 타인의 것으로 돌리고 있는 것이 그림자다. 사람들은 곧잘 자신의 싫은 부분은 꼭꼭 감춰두고 다른 사람에게 혐오스러운 면이 있다고 비난한다. 그러나 융에 따르면 혐오스러운 타인은 내가 부정하고 싶은 내 성격의 일부분을 갖고 있는 사람일 뿐이다. 이유 없이 싫은 사람은 나의 그림자인 것이다. 부모와 사회에 의해 억눌린, 내가 억압해두고 표출하지 못하는 나의 못난 부분 덩어리다.

하루의 끝에 너무 지친다면, 온종일 자아의 뒤로 꾹꾹 눌러놓았던 나 자신의 어두운 부분과 정직하게 대면해보는 건 어떨까. "너무 꼴 보기 싫은 당신, 내 그림자였구나." 불현듯 서늘한 깨달음이 올지도 모른다.

그렇다면 타인에게서 나의 그림자를 발견했을 때, 어떻게 해야 될까? 혐오스러운 타인을 발견했을 때 할 일은 그림자를 자아에 통합하는 것이다. 받아들이지 못했던 그림자를 나의 것으로 인정하고 수용한다는 뜻이다. 내 자신에게 이렇게 혐오스러운 면이 있음을, 나의 이중성을 대면하는 것이다.

　-너는 나다. 저 사람은 내가 싫어하는 나일 수도 있다.
　-나에게도 저런 면이 있을 수 있다.
　-나를 부정하고 외면해서 미안하다.
　-나는 성숙하기도 하면서 미성숙하기도 하다.
　-나는 천박하기도 하면서 고매하기도 하다.
　-나는 예의 바르기도 하면서 무례하기도 하다.

　이러한 역설적인 사실들을 인정하는 것이다. 혐오스러운 타인이 곧 내 안에 있지만 인정하기 싫은 내 일부분이었다는 것을 발견하면 미움도 힘을 잃는다. 타인을 사랑하는 문제가 아니라 내가 사랑하지 못했던 나의 일부분을 사랑하는 문제라는 것을 깨닫게 되기 때문이다. 모든 불편한 타인이 곧 나 자신이라고 믿을 필요는 없지만, 한 번쯤은 자신에게도 타인과 같은 면이 있지 않은지 돌아볼 일이다.

　자아가 커질수록 그림자도 커진다. 빛이 커질수록 그림자가 커지는 것과 같다. 사회적으로 주어진 역할을 잘 수행할수록, 긍정적인 면을 개발해갈수록 성격의 미성숙한 측면은 그만큼 억눌리기 때문이다. 억압하면 그림자는 더 극악을 떤다. 자기를 좀 알아달라고. 내가 나를 사랑할수록, 행복이 커질수록, 내가 사회적으로 성공할수록 내 성격의 일부분을 억압하고 있는 건 아닌지 기억하고 의식할 필요가 있다.

점점 더 성숙해지고, 좋은 면을 개발시키며 성장했다고 생각하는 동안 그림자는 더욱 외면당하고 억압될 수도 있다. 내가 유능하다고 나를 칭찬하는 동안 문제투성이인 나의 일면은 억압된다. 미숙한 부분이 없는 사람은 없기에, 그림자는 누구에게나 있다.

통합이란 이래도 좋고 저래도 좋다는 마음으로 자신을 대하는 것이다. 내가 유능해도 좋고 열등해도 좋다고 믿는 것이다. 너무 싫은 타인을 발견했을 때, 타인을 수용하는 대신 나 자신을 수용해야 한다. 내가 싫어하는 나의 일면을 직면하고 내 것으로 인정할 기회다. 열등한 타인을 사랑하는 문제가 아니라 열등한 나를 사랑하는 문제이고, 어두운 나까지 끌어안을 기회다. 불편한 타인은 적이 아니라 스승이다. 내가 사랑하지 못했던 내 성격의 일부까지도 사랑할 기회를 주는 스승이다.

**내가 미워했던
나를 사랑하는 법**

자신이 싫어하는 성격이 튀어나올 때, 스스로 이해할 수 없는 행동을 했을 때, 다른 사람을 보면서 옳지 못하다고 생각했던 성격이 내게서 불쑥 발현되었을 때 가장 흔한 대처법은 스스로를 비난하는 것이다. 자라오는 동안 절대 똑같이 살지 않기로 다짐하게 했던 아버지처럼 불쑥 화를 내버렸다거나, 남자 없이는 못 사는 의존성 때문에 온갖 남자를 전전하며 허덕이는 친구가 너무 싫었는데 연인에게 사랑을 갈구하고 있는 내 모습을 본다거나, "왜 그렇게 사소한 일에 예민하게 반응하는 거야?"라는 핀잔을 수없이 듣고 자랐기에 무심해지려고 노력했는데 불쑥 예민한 성격이 튀어나온다거나…. 상황은 다양하지만 반응은 대체로 일정하다.

'이런, 내가 또 공연히 심술을 부리기 위해서 가시를 세웠구나! 내가 왜 그랬지? 왜 그렇게 어린애처럼 미숙하게 굴었지? 왜 말도 안 되는 이유로 화를 냈지? 왜 나는 항상 이렇게 다른 사람에게 많이 기대하지?'

이처럼 숨 막히게 자신을 몰아간다. 아무리 생각해도 자신의 행동에 대해 논리적으로 설명할 수 없을 때는 자기혐오가 극에 달한다. 스스로도 자신이 왜 그랬는지 이해할 수 없기 때문에 몹시 기분이 나빠진다. 미숙한 부분이 또 불쑥 튀어나오고 말았다는 것에 대해서 누구보다 불쾌하게 느낀다. 우리 자신의 미숙한 측면에 대해서 무의식적인 죄책감을 느끼고, 그 결과로 이유를 알 수 없는 부정적인 기분에 휩싸이는 것이다.

하지만 그림자에는 기본적으로 자기를 보호하는 특성이 있다. 가만히 살펴보면, 내가 싫어해서 억눌러뒀던 성격들은 모두 내 생존에 도움을 주었다는 것을 알 수 있다. 항상 나를 비난받게 했기에 아무짝에 쓸모없다고 여겼던 성격들이 사실은 나의 생존을 돕고 있었던 것이다. 잘 살기 위해서는 없애고 죽여야만 한다고 생각했던 성격들이 사실 나를 잘 지켰다. 내가 싫어했던 나의 성격을 나열하고 그 성격의 장점을 쓰다 보면, 내가 얼마나 자신을 지키기 위해 발버둥 쳐왔는지 보인다.

예를 들면 이런 것이다. 타인들의 작은 비판도 받아들이기 힘들어하는 면, 그래서 사소한 비판에도 쉽게 발끈하는 자신의 '속 좁은' 측면을 평소에 싫어했다고 하자. 그 성격의 장점은 무엇일까? 타인의 사소한 비판에 민감하기 때문에 비판받지 않기 위해 일을 철두철미하게 해왔을 수도 있다. 비판을 싫어하는 '쪼잔한' 면 때문에 사회생활을 할 때는 흠이 잡히지 않을 만큼 완벽하게 일을 해내는 사람이 될 수 있었다는 것이다.

타인에게 의존하고 사랑을 갈구하는 자신의 성격이 너무도 싫고, 독립적인 사람이 되고 싶었던 사람이라면 어떨까. 사랑이 너무도 필요한 사람이기 때문에, 끊임없이 진정한 사랑을 만나기 위해 노력하고 더 나은 사람이 되려고 노력했을 수 있다. 덧붙이자면 적절한 의존 욕구는 자연스러운 것이다. 사랑을 받고 싶어 하는 마음은 잘못되지 않았다. 누구에게나 있는 자연스러운 욕구이며 수치스러운 것이 아니다. 과도한 독립성이야말로 사랑받고 싶은 욕구를 과도하게 억누른 결과일 뿐이다.

거절을 못하는 자신의 성격을 싫어할 수도 있다. 그러한 성격의 장점은 무엇일까? 거절을 잘 못하고 타인을 잘 받아주었기 때문에, 나는 타인에게서 거부당하는 위험을 피할 수 있었다. 내가 거절해서 타인이 나를 싫어하게 될지도 모르는 가능성을 원천적으로 차단했다. 결국에는 거절을 하지 못하는 성격 때문에 내가 상처받지 않을 수 있었다. 보이는가? 내가 미워했던 내 성격이 나를 어떤 식으로 도와왔는지.

싫어했던 자신의 성격이 어떤 식으로 자신을 도와왔는지 알게 되면 그 측면을 받아들이기가 쉬워진다. 싫어했던 성격 때문에 자신을 얼마나 충실하게 지킬 수 있었는지, 내가 나를 얼마나 지키고 싶어 했는지 알게 된다면 그럴 수밖에 없다. 성격을 억누르려고 했던 것도, 타고난 성격을 죽이고 더 나은 사람이 되려고 노력했던 것도 결국은 자기를 위한 고군분투였다. 자기사랑의 한 방식이었던 것이다.

결국 그림자의 가치를 인정하는 것이 자기사랑의 길이다. 미워하고 억누르던 부분은 언젠가 터져 나와 내 삶을 난장판으로 만든다. 삶에서 나타나는 싫은 부분을 붙들고 그것이 나를 어떻게 도왔는지 깊이 생각해보라. 모든 사람에겐 미숙한 부분, 혐오스러운 부분, 유치한 부분, 이해할 수 없는 부분이 있다.

세상에 완벽한 사람은 없다. 다만 나의 어리석은 부분을 편안하게 받아들이느냐, 아무도 알아채지 못하도록 꾹꾹 누르고 방어하느냐의 차이다. 당신의 가시, 당신의 그림자는 당신을 너무도 잘 보호해왔다. 그 날카로운 가시는 매순간 당신을 위해 제 역할을 다하고 있었다.

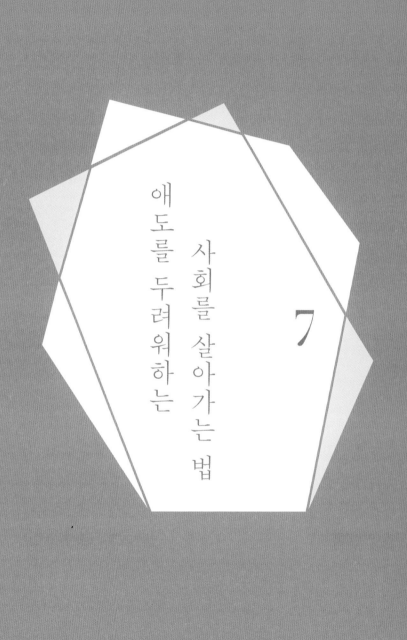

애도를 두려워하는

사회를 살아가는 법

7

그러니 그냥 내버려두는 것이다.
그대로 그것이 자연스럽게 사라질 때까지.

우리 사회가
감정을 다루는 방식

애도는 의미 있는 상실에 대한 정상적인 감정 반응과 회복 과정을 말한다. 애도는 마음의 상처를 치유할 수 있는 가장 빠르고 효과적인 방식이다. 충실하게 애도하기만 한다면 감정은 금세 우리를 떠난다. 그 어떤 감정도 충실하게, 집중적으로 애도하기만 한다면 정화될 수 있다.

감정이 충분히 정화되지 못하고 찌꺼기가 남은 것을 한恨이나 원怨이라 한다. 한과 원은 우리가 충실하게 애도할 시간을 갖지 못했기 때문에 생긴다. 사회는 슬퍼하는 사람을 충분히 울게 놓아두지 않는다. 사람들은 얼마간의 시간을 정해놓고 슬퍼한 뒤, 그 시간이 지나면 현실로 돌아와야만 옳다는 듯이 산다. 정해진 기간이 지나고도 슬퍼하는 것은 옳지 않다는 듯이 행동한다.

감정을 다루는 우리 사회의 방식은 주로 억압이다. 화가 난 사람들에게 너무 흥분하지 말라고 말하고, 슬퍼하는 사람에게 더 이상 분위기를 흐리지 말라고 한다. 무기력한 사람들에겐 언제까지 그럴 거냐고 다그친다. 가만히 보면 스스로 감정에 빠져 있는 것을 경계할 뿐만 아니라, 다른 사람이 슬픈 감정에 빠져 허덕이는 모습을 보는 것조차 불편해하는 경우가 많다. 우리는 왜 다른 사람이 슬퍼하는 모습을 보는 것조차 참지 못할까?

슬픔에 빠져 오랫동안 통곡하는 사람을 보는 첫 심정은 대체로 '불편함'이다. 타인의 고통은 개인에게 불편한 감정을 일으킨다. 이유는 다양하다. 고통받는 타인을 위해 내가 할 수 있는 것이 없다는 무력감, 나 역시 저런 고통을 겪을지도 모른다는 두려움, 내 기분이 덩달아 나빠진다는 피해의식 등 이유는 셀 수 없다.

이렇게 불편함을 느낄 때 가장 쉬운 대처 방식은 외면과 억압이다. 우리는 타인의 슬픔을 외면하거나, 그만 좀 하라고 다그치는 것 외에 무엇을 할 수 있는지 잘 모른다. 우리가 할 수 있고 해야 하는 일은 충분히 울게 해주는 것일 뿐임에도, 우리는 감정을 당장 어떻게 해버려야만 하는 척결 대상으로 생각한다.

이 모든 불편함의 기저에는 감정의 위력에 대한 두려움이 있다. 감정을 표출하는 것이 어떤 폭발적인 행위로 이어질지도 모른다는 두려움이다. 고통스럽게 울고 있는 사람이 결국에는 그 슬픔의 힘 때문에 극단적인 행동을 저지를지도 모른다는 두려움 말이다. 자살을 할지도 모르고, 폭력적인 행위를 해서 지금 나의 평화를 뒤엎어버릴지도 모른다는 두려움이 감정의 표출을 막는다. 어떤 사람들은 타인이 '적당히' 울고 그 뒤에 남은 감정은 티내지 않고 '알아서' 처리하기를 원한다. 도무지 슬픔을 있는 그대로 표출하도록 내버려두질 않는다.

하지만 애도를 억압하는 사람들이 가장 두려워하는 상황은 감정을 표출할 때가 아니라 감정을 억압할 때 더 벌어지기 쉽다. 역설적인 사실이다. 충분히 감정이 소화되고 나면 우리는 해방된다. 더 이상 슬퍼하지 말라고 종용하지 않아도 슬픔은 알아서 자취를 감춘다. 상처에 대해서 충분히 이야기하고, 슬픈 노래를 충분히 부르고, 감정을 붙들고 충분히 울고 나면 우리는 상황을 받아들일 힘을 갖게 된다. 나에게 벌어진 상황을 받아들이고 다음으로 나아갈 용기가 생기는 것이다.

아직도 슬픈 사람에게 아무것도 말하지 말라고 억압할 때 다양한 문제가 생긴다. 억압된 감정은 어떤 식으로든 표출이 될 수밖에 없다. 억압된 감정 에너지는 다른 것으로 대치될 뿐 그저 사라지지 않는다. 감정을 억압하는 사회에서 감정은 다양하고 교묘하게 얼굴을 숨긴다. 분노는 폭력이란 행동으로 표출되고, 슬픔은 무기력이란 상태로 표출된다. 혐오라는 감정은 분열과 대립이라는 행동으로 표출된다. 각각의 감정들은 억압되어 다양한 사회 갈등으로 표출된다.

온전히 느낄 시간이 주어졌다면 그 순간 머물고 사라졌을 감정들이 우리 사회에 그대로 남아서 다양한 방식으로 삶에 끼어든다. 대부분의 사회 갈등의 근원적 원인은 있는 그대로의 감정을 표현하지 못하게 억압당했기 때문일 것이다.

충분한 애도기간이라는 것은 없다. 감정을 소화하기 위해 필요한 시간은 저마다 다르다. 우리가 할 일은 울 일에 울도록 놓아두는 것뿐이다.

감정을 억누르는 방식: 주지화

스스로 좀 더 지성적이라고 믿는 사람들은 '주지화'를 한다. 주지화는 이성적이고 논리적인 언어로 상황을 분석하여 스스로를 이해시키는 방어기제를 뜻한다. 주지화가 습관인 사람들은 어떤 감정을 느낄 때, 그 감정을 느끼거나 직면하기보다는 감정을 느끼게 된 이유를 논리적으로 스스로에게 설명하려고 한다. 예를 들어 뚜껑이 열릴 정도로 화가 났다면 베개를 때리거나 화나게 만든 사람에게 욕을 퍼붓기보다는, 상황을 논리적으로 분석하여 자신을 감정으로부터 멀리 떨어뜨려 놓는다.

어떤 사람이 엘리베이터에서 내 인사를 안 받아줘서 화가 났다고 하자. '고작 이런 일로 화를 내는 것이 이성적인 어른이 할 짓인가?' 이성적인 판단이 작동하기 시작한다. 결코 감정의 소용돌이로 들어

가지 않고 기계적으로 상황을 분석하기만 한다. 고통스러운 감정을 감당할 자신이 없어서 감정의 핵심으로 들어가지 않는 것이다. 마치 남의 일인 양 자신에게 일어난 일을 멀리 떨어뜨려 놓고 합리적으로 감정을 분석한다. 감정을 직면하는 것에 대한 불안 때문이다.

이렇게 감정을 느낀 이유를 분석하고 '명쾌한 결론'까지 얻는 동안, 있는 그대로의 감정이 설 자리는 어디에도 없다. 주지화를 하는 동안 좀 더 이성적인 인간의 역할극을 제대로 수행했는지는 몰라도, 감정은 존재를 무시당한다. 이렇게 느낄 만한 일인지 아닌지 판단당하고 평가당한데다가, 그러느라 감정이 제대로 머무를 시간도 없었던 것이다. 내가 화가 나는데, 왜 이렇게 화가 나는지, 이렇게 화를 내는 것이 옳은 일인지 판단하고 평가하는 과정이 정말 필요한가? 그 상황에 처했을 때 내 본능적인 감정이 화였고, 내가 화가 난다는데 말이다.

그럼에도 주지화는 꽤 어른스럽고 성숙한 대처 방법처럼 보인다. '곧장 화를 내지 않고 분석하고 이유를 찾고 나 자신을 진정시킬 수 있었어!' 따위의 이유로 말이다. 그러나 그렇게 하는 동안 감정은 제대로 이해받았을까? 아니다. 그저 뒷전으로 밀려나 외면받았을 뿐이다.

다음의 예를 보면 주지화가 왜 자기사랑에 도움이 되지 않는지 잘 알 수 있다. 어떤 아이가 울고 있다. 그 아이에게 왜 우느냐고 묻자, 아이는 대답한다.

"유치원 앞에서 모르는 친구에게 먼저 인사했는데 내 인사를 받아주지 않았어요."

그때 당신이 아이에게 이렇게 말한다. 다음의 문장들을 한 번에 빠르게 읊으면 좀 더 효과가 좋다.

"얘야, 잠깐만. 그게 울 일일까? 왜 울 정도로 슬펐니? 왜 그렇게 슬프게 느끼는 거야? 그 상황에서 우는 게 합리적일까? 이 상황에서 우는 게 옳은 반응이라고 생각하니?"

숨이 턱 막히지 않는가? 이런 질문이 바로 주지화가 하는 짓이다. 그 감정이 이 상황에 타당한지 판단하기 위해 왜냐고 끊임없이 감정에게 묻는 것 말이다. 정작 아이에게 필요한 건 왜냐는 질문이 아니라 그저 감정의 공감일 것이다.

"얘, 인사를 받아주지 않아서 슬펐구나. 속상했겠다. 그렇게 느끼는 게 당연해."

단지 이 지점이다. 감정을 판단하거나 분석하거나, 이유를 찾지 않고 그저 있는 그대로 읽어주는 것이다. 이것만 스스로에게 제대로 해줄 수 있다면 많은 병리적인 문제와 갈등이 줄어들 것이다. 그러나 누군가는 이렇게 물을 수도 있을 것이다. 아이야 그렇지만, 어른이 감정을 다 표출하고 살 수는 없지 않느냐고.

무조건적 자기사랑의 핵심은 자신의 감정을 표출하는 것이 아니고 받아들이는 것이다. 감정이 느껴질 때 없애려고 하지 말고, 나쁘다고 판단하지 말고 가만히 지켜보는 시간을 가지는 것이다. 아이에겐 옳은 것이 어른에게는 틀린 것인가? 인간은 사회화가 되는 과정에서 많은 감정을 억압받아 왔기에, 감정 자체가 부정적이라고 느끼게 된 것뿐이다.

주지화는 결국 있는 그대로의 감정을 느끼지 못하게 한다. 화가나면 다른 사람이 다 알아채도록 화를 표출하라는 것이 아니라, 소중한 애인을 다루듯 스스로에게 집중할 시간이라고 여기고 잠시만 멈춰 서서 자신의 감정을 직면하라는 것이다. 핵심은 자신의 감정에 대해 나쁘다거나, 빨리 없애버려야 한다고 말하지 않는 데 있다. 지금 이 상황에서 왜 화가 나는지 스스로 도무지 이해되지 않고 미성숙하게 느껴질지라도, 자신의 본능적인 그 느낌이 옳다고 믿고 가만히 직면하는 것이다.

감정이 옳은지 그른지는 분석할 필요가 없다. 긴 시간도 필요 없다. 그저 한순간, 몇 초만 멈춰 서서 '너 지금 슬프구나. 네 감정은 무조건 옳아. 그렇게 느끼는 게 당연해.'라고 스스로에게 말해주는 것, 그것이 무조건적 자기사랑의 시작이다. 무조건적 자기사랑은 곧, 자신의 솔직한 감정을 보살피고 무조건적으로 받아들여 주는 일이다.

감정의 말을 무시하기:
억압

일상에서는 다양한 감정이 말을 걸어온다. 슬픔, 기쁨, 분노, 우울, 실망, 두려움…. 그러나 우리는 다양한 감정들의 대화 요구를 다양하게 무시한다. 어떤 상황에 처했을 때 제일 먼저 받는 솔직한 느낌, 그것이 곧 나에 대한 진실임에도 다양한 이유로 억압한다. 지금은 눈물을 흘릴 때가 아니어서, 지금은 무기력을 느낄 때가 아니어서, 지금은 슬퍼할 자격이 없어서, 남들이 손가락질할까 봐, 이 감정을 인정하면 완전히 무너질까 봐…. 슬픔이 치밀면 스스로를 다독인다.

"지금은 울 때가 아니야! 아직은 쓰러지면 안 돼!"

이것은 억압이라는 방어기제다. 감정을 인정하지 않고 외면하는 것이다. 감정이 너무도 생생한데 억지로 괜찮다고 스스로를 밀어붙이면 어떻게 될까. 자연스럽게 느껴지는 슬픔을 억지로 누르면 오히려 분노가 올라오기도 한다. 슬픔은 내가 느끼는 솔직한 감정이기에, 슬픔을 억압당하는 것은 곧 내 존재를 부정당하는 느낌과 같기 때문이다.

스스로에게 감정마저 강요할 필요는 없다. 내가 느끼는 모든 감정은 옳다. 어떤 상황에 처했을 때 우리가 제일 먼저 느끼는 그 감정은 마땅하며 판단의 대상이 되어서는 안 된다. 주지화와 마찬가지로 억압 또한 감정을 다루는 적절한 방법이 아니다.

감정이 느껴질 때는 억지로 괜찮다고 말하지 말고, 올라오는 감정을 직시하며 내 안에 이런 감정이 있다는 것을 받아들이면 된다. 또 이런 반갑지 않은 감정이 내게 온 것이냐며 저항하지 말고, 가슴을 열고 그 감정을 느껴보는 것이다. 적극적으로 느껴보겠다고 마음먹으면 의외로 감정은 빨리 사라진다.

누군가 "울지 마."라고 위로하면 오히려 눈물이 나는데, "그래, 계속 울어." 하면 눈물이 쏙 들어갔던 적이 있을 것이다. 감정을 억압하지 않으면 울려고 해도 눈물이 안 나는 일이 벌어진다. 저항하지 않고 받아들이는 것들은 언제나 시간이 지나면 알아서 자취를 감춘다.

늘 내 감정을 아이라고 생각해보라. 아이가 너무 슬퍼서 울고 있는데, "얘, 지금은 울 때가 아니야. 아직 쓰러지면 안 돼!"라고 말하는 어른의 모습은 씁쓸한 희극이다. 왜 아이를 대할 때만 너그러운가? 그 언제보다, 그 누구를 대할 때보다 스스로의 감정을 대할 때가장 너그러워야 한다. 솔직한 내가 그렇게 느낀다는데 왜 어떤 상황에 느껴야 할 마땅한 감정을 정해놓고 강요하는가? 감정을 표출하지 않고 알아주기만 해도, 감정은 사라진다.

이렇게 감정을 읽어주는 것은 무조건적 사랑과 연관이 있다. 어떤 감정이 느껴지더라도 나 자신을 받아들여 주는 것은 나 자신이 가치 있다는 느낌과 관련이 있다. 어떤 경우에도 받아들여 주는 것, 그것이 곧 무조건적 사랑이다. 그리고 받아들여지는 경험은 곧 자기가치감과 연결된다.

이 순간에 나 자신이 원하는 이해가 무엇인지, 처음에는 잘 알기 힘들 수도 있다. 그럴 때는 늘 내 감정이 아주 어리고 연약한 아이라고 생각하면 좋다. 그 아이가 감정을 느낄 때 뭐라고 말해주겠는가? 이 연습에 익숙해진다면 나중에는 굳이 내 감정에 아이를 대입하지 않아도 자연스럽게 읽어줄 수 있게 될 것이다.

그저 같이 느끼기:
애도의 습관화

모든 것을 이해할 수 있는 용어로 설명하려는 환원주의에 심취한 나머지, 우리는 감정마저도 분석하게 되어버렸다. 감정을 느낄 때마다 왜 그런 감정을 느끼느냐고 추궁하거나, 아무것도 안 느낀 척 억압하거나, 괜찮다고 부인할 뿐이다. '이 감정은 이래서 이렇게 느껴지는 거야'라고 이성적으로 이해하려 할 뿐 그 감정의 에너지와 같이 머무는 경우는 적다. 우리의 감정은 지금껏 학대받아 온 것이다.

감정은 분석당하고 이해받길 원하는 것이 아니라 그저 같이 느껴지기를 원한다. 그 감정이 옳은지 그른지 먼저 분석한 뒤 이해해주길 바라는 것이 아니라, 내가 제일 처음 느낀 솔직한 그 감정이 옳다는 말이 필요한 것이다. 그럼으로써 있는 그대로의 솔직한 나 자신이 분석당하지 않고 받아들여지길 원하는 것이다. 옳은지 그른지 판단하고 감정의 이유를 찾는 과정 자체가 감정이 옳지 않다는 전제를 포함하고 있다.

틀린 건 없다. 자신이 느끼는 것, 즉 감정 그 자체는 무조건 옳다. 그저 있는 그대로의 감정과 함께 머무는 것이 건강한 애도다. 우리는 자신에게 충분한 애도의 시간을 허락하지 않는다. 어서 빨리 감정에서 빠져나와 현실로 돌아오라고 말한다. 그러나 내밀한 감정을 인정하고 함께 머무는 애도 작업을 충실하게 하는 것이 오히려 현실로 빨리 돌아올 수 있는 방법이다. 모든 순간에 애도를 습관화해야 한다.

제대로 된 애도의 과정을 거쳐 충분히 소화되지 않은 감정은 살아가면서 언제고 불쑥불쑥 튀어나와 발목을 잡는다. 자신의 감정을 나쁘다고 판단하거나 분석하지 않는 연습이 필요하다. 나 자신만이라도 나에게 그렇게 해줄 수 있다면 말이다. 이 세상 누구도 그렇게 해주지 않기 때문에 나 자신이 그렇게 해주어야 한다.

과학이 발달할수록 인간이 한 번에 할 수 있는 일이 많아졌고, 한 가지 행위에만 온전히 집중하는 일이 힘들어졌다. 우리는 어느 순간에도 온전히 머물지 못하게 되어버렸다. 주의는 쉽게 분열되고, 어느 곳에서도 온전한 기쁨을 느끼지 못한다. 뭔가 하나에만 온전히 집중하는 일에 두려움을 느끼는 것처럼 보일 정도다.

이 순간에 머무는 것은 인간이 할 수 있는 가장 큰 행복 수행 중 하나임에도 불구하고, 우리는 결코 하나에 집중하지 못한다. 도무지 내면과 조우할 틈을 주지 않는 분열된 행동이 일상화된 시대이기에 감정을 온전히 느낄 시간은 더더욱 필요하다. 자신의 감정을 다루는 일을 할 때만은 분석하는 과정에서 조금만 떨어져서, 더 원시적인 인간이 될 필요가 있다. 그것이 비록 퇴행일지라도 진정한 의미에서는 퇴행이 아니다.

감정과 함께
그 순간에 머물기

우리는 부정적인 감정이 마치 척결해야 하는 대상이라도 되는 양 호들갑을 떤다. 청소를 하고, 노래를 듣고, 맥주도 마신다. 초조해한다. 잠시라도 부정적 감정이 머물 기회를 주지 않는다. 차라리 펑펑 울기라도 하면 낫다. 그 순간만큼은 감정과 함께 머물렀던 것이다.

감정을 다루는 좋은 방법은 감정을 사랑하는 사람, 즉 연인으로 대하는 것이다. 만약 사랑을 떠올릴 때 별로 좋은 감정이 들지 않는다면 내가 가장 좋아하는 사람을 생각하는 것도 좋다. 굳이 연인이 아니라 존경하는 선생님, 귀여워하는 아이 등등일 수 있다.

좋은 감정뿐 아니라 분노나 혐오조차도 내가 좋아하는 사람이라고 생각해보면 확실히 마음가짐이 달라진다. 감정이 내가 좋아하는 사람이라고 해도 '화를 내면 안 돼. 죄책감이나 분노를 느끼는 건 옳지 않아.'라고 부인할 것인가? 잠시라도 나쁜 기분을 허용할 수 없다며 야단법석을 떨 때처럼, 내가 좋아하는 사람을 없애버릴 것인가? 타인은 그렇게 박대해본 적이 없으면서 자신의 감정은 곧잘 구박을 해댄다.

　하지만 감정에게 말을 거는 것처럼 어색하고 실없어 보이는 일이 있을까? 도무지 그렇게 해선 부정적인 감정이 해소될 것 같지가 않다. 그러나 한번 해보면 다른 생각이 든다. 내 감정이 기다려왔던 건 오로지 자기 말을 들어주는 것뿐이었음을 알게 된다. 좋아하는 사람을 대하듯 감정을 존중해주면 어느새 감정은 사라진다. 없애려고 노력할 땐 도무지 사라지지 않던 것이, 그 존재를 인정해주면 붙들고 있던 바짓가랑이를 놓고 슬그머니 사라진다.

　감정을 굳이 어떻게 하려고 할 필요가 없다. 그냥 그 감정이 있고 싶은 곳에 있도록 감정의 의지를 존중해주면 된다. 저절로 사라질 때까지 내버려두는 것이다. 지금은 이러고 있을 때가 아니라든지, 이런 감정을 느끼는 건 나쁘다든지, 어떤 판단이 머릿속에 끊임없이 들겠지만 어쩌면 그때 느껴지는 그 감정이 가장 솔직한 나일 수 있다.

　그러니 그냥 내버려두는 것이다. 그대로 그것이 자연스럽게 사라질 때까지.

감정에게
옳다고 말하는 연습

별일 아닌 듯 보이는 사소한 일에 극도로 화가 난다면 그 사소한 일에 다른 중요한 문제가 연합되어 있을 수 있다. 영아기에 민감하지 못한 양육자를 만난 경우를 예로 들어보자. 배가 고파 죽겠는데 양육자는 텔레비전에 푹 빠져 아이가 밥을 먹을 시간이라는 것조차 모른다.

'왜 세상은 내가 원하는 걸 빨리 안 주는 거야?'라는 생각이 핵심적인 감정으로 자리 잡으면, 비슷한 감정을 일으키는 상황들에서 일종의 조건반사적인 분노가 일어난다. 영아기에 제때 우유를 먹지 못하는 것과는 달리, 주문한 커피가 오랫동안 나오지 않는 것은 분명 생존과 관련된 문제도 아니고 아주 사소해 보인다. 그런데도 상황에 맞지 않게 극도로 화가 나는 이유는 그 느낌이 무의식에 심각한 '생존'의 문제로 각인되어 있기 때문이다.

트라우마 감정을 재현하는 상황을 경험할 때 우리는 어린 시절로 되돌아간다. 오랫동안 나오지 않는 커피 때문에 화가 난 어른은, 사실 우유를 주지 않고 텔레비전에 빠져 있는 양육자에게 화가 난 아이다. 이러니 대부분의 성인들이 느끼는 극단적인 감정이 당연히 상황에 맞지 않아 보인다. 실제로는 그 상황이 아니라 과거의 다른 상황에 대해 화를 내고 있는 것이기 때문이다.

극단적으로 화를 내는 대부분의 사람은 어른이 아니라, 해결되지 못한 어린 시절의 감정을 가진 아이다. 또는 자기 안의 통합되지 않은 그림자에게 화를 내고 있는 사람이다. 겉으로는 마치 참을성이 없는, 상황에 맞지 않는 분노를 표출하는 어른처럼 보인다. 그런 행동은 주변 사람에게 "그 정도로 화를 낼 일도 아닌데 왜 저렇게 화를 내는 거야?"라는 반응을 불러일으키고, 감정을 느낀 사람은 그런 감정을 느끼는 것이 잘못됐다는 피드백을 받는다. 굳이 타인이 말하지 않더라도 스스로가 그렇게 판단한다. 감정은 이런 식으로 잘못된 것, 옳지 않은 것으로 치부되기 일쑤이며, 감정이 의미하는 나 자신이 옳지 않다는 느낌으로 연결된다.

이제 감정에게 옳다고 말해주어야 한다. 감정은 항상 틀렸다는 말만 들어왔으니 처음에는 어리둥절하겠지만, 금세 그 수용되는 느낌을 좋아하게 될 것이다. 카페에서 고작 10분 동안 커피가 나오지 않았다고 극도로 화가 나더라도, 판단하지 말고 그저 지금 그 감정을 느껴보자고 스스로에게 말해주어야 한다.

커피가 왜 안 나오느냐고 난동을 피우라는 뜻이 아니다. 그렇게까지 에너지를 소모할 필요는 없다. 그저 네 감정이 잘못되지 않았다고, 네가 느끼는 감정이 옳다고, 고로 네 자신도 옳다고 말해주며 그 순간에 머물면 된다.

감정이 어린아이라고 생각하고, 그저 그 감정을 읽어주자. '너 지금 슬프구나. 내가 너를 이해해. 어릴 때처럼, 저 사람이 관심을 주지 않고 너를 내버려둘까봐 두려웠구나. 네가 그렇게 무서워하는 게 당연해.'라고. 이 작업에서 중요한 것은 감정을 옳지 않은 것으로 치부하고 억압하는 것이 아니라, 감정이(곧 내 존재가) 옳다고 받아들여주는 것이다. 감정이 수용되는 경험을 스스로 연습하는 것이다.

애써 '아니야, 너는 가치 있는 존재야.'라고 믿지도 않는 말을 되뇌는 건 도움이 되지 않는다. 인간은 내가 진실로 믿고 있지 않은 말에는 오히려 저항하고 거부 반응을 일으키기 때문이다. 스스로도 아직 믿지 못하는 말로 위로를 건네기보다는, 감정의 말을 들어주는 연습을 해야 한다. 자신에게 사랑을 주는 방법을 배워야 하며, 그 방법은 오로지 감정을 읽어주는 것이다. 부정적인 감정이 드는 모든 상황에서 말이다.

감정이 옳은지 아닌지 판단하거나, 별일 아니라며 억누르려 하지 말고, 어떤 상황에서 어떤 감정이 느껴지든 가만히 그 감정을 느껴보라. '아마도 오랫동안, 너는 이런 비슷한 감정을 느끼며 고통을 받아왔겠구나.'라고 알아주는 것이다.

그리고 아마도 이 극단적인 감정을 처음 느끼고 고통스러웠을 과거의 자신에게 연민을 보내주어야 한다. 우리는 오랫동안 상처받은 자신을 잊고 지냈고, 어쩌면 평생 기억하지 못하고 이유도 알지 못하는 고통스러운 감정을 반복하며 살아갈 뻔했다. 고통스러운 감정을 처음 경험했을 때 해주지 못한 애도를 지금 해주는 것이다. 아마도 그때 감정이 억압되지 않고 제대로 이해받았다면 두고두고 우리의 삶에서 반복되며 우리를 괴롭히지는 않았을 것이다.

충분히 애도된 감정은 반드시 우리를 떠난다. 제대로 바라보지 못하고 애도해주지 않았기에 지긋지긋한 감정들이 우리의 인생에 다른 옷을 입고 와 다른 문제인 척 하며 계속 반복되는 것이다. 우리는 지금의 고통스러운 감정을 처음 느꼈던 그 상황의 자신에게 말을 걸어야 한다. 자기 자신이 아니면 누구도 해줄 수 없는 공감의 말을 해주어야 하고, 그때 이미 했어야 하지만 하지 못했던 애도 의식을 뒤늦게라도 해주어야 한다.

의존적인 행복에서 벗어나기: 항복

항복은 실제로 그 어감만큼 나쁜 것은 아니다. 졌다고 말함으로써 이기는 일이다. 불교에서는 하심下心이라고 하고, 기독교에서는 하나님께 모든 걸 맡기겠다고 표현한다. 도가 사상에서는 무위자연無爲自然이라고 말한다.

모든 스트레스는 놓아야 할 것을 계속 붙들고 있는 데서 온다. 고통을 느끼면서도 놓지 못하는 이유는 놓으면 모든 게 엉망이 될까봐 두려워서다. 마치 놓아버리면 내가 아닌 신이라는 존재가 내 삶을 자기 마음대로 쥐고 흔들어버릴 것 같은 두려움도 든다. 내 인생을 내 마음대로 살 수 없다는 것은 생각만 해도 끔찍하다. 이것(원하는 직업, 학벌, 헤어진 연인)이 아니면 삶이 의미가 없기 때문에, 내가 붙들고 있는 스트레스를 감수하는 것이 낫지 결코 놓고 싶지는 않다. 하지만 그것을 붙드는 행위가 결과에 영향을 미치는가?

왜 안 되느냐고 발버둥 쳐봐야 변하는 것은 없다. 스트레스가 느껴지면 그냥 놓아야 할 때라는 신호다. 그 상태로 있어도 좋다. 화가 나고 흔들리고 있는 것을 부인하지 말아야 한다. 마음속 '나'의 농간에 흔들리고 있다는 것을 인정해야 한다.

좋은 일만 생기란 법도 없다. 뭐가 어떻게 되든 그냥 내버려두자. 누군가 날뛰어도 놔두고 욕을 해도 놔두고, 등을 돌려도 놔두고 모두 휩쓸려가도 놔두고 나만 제자리를 지키겠다고 다짐하는 것이다.

거기에
행복은 없다

인간은 끊임없이 어디론가 가기 위해 산다. 여기가 아닌 저기로, 바닥이 아닌 높은 곳으로, 일상이 아닌 여행지로 끊임없이 가고자 한다. 심지어 여행지에 가면 다시 집으로 가고 싶어 한다. 잠자리가 불편해서, 여행지가 마음에 들지 않아서, 여행이 고단해서. 어디로 가고 싶은지도 모르면서 자꾸 어디든 가고 싶어 한다. 십 대때는 어울리지도 않는 어른 흉내를 내고, 나이가 들면 젊어 보이려고 기를 쓴다. 이 직장에 있으면 다른 직장이 더 멋져 보이고, 막상 다른 직장에 와보면 별반 다를 것도 없어 보인다. 시험에만 붙으면 모든 게 다 좋아질 것 같았는데 인생의 투쟁은 계속된다.

도대체 행복은 어디에 있는 걸까? 우리가 찾던 건 어디에 있나? 대체 왜 인간은 항상 지금 여기 아닌 다른 곳을 보고 있나? 내가 가려 하는 거기에, 진짜 행복은 없다는 것을 알면서.

거기에 행복은 없다. 그 모든 것은 우리가 찾는 것이 아니다. 의존적 행복은 도처에 널려 있다. 저 시험만 붙으면, 저 직장만 붙으면, 돈만 생기면, 저 사람이랑 사귀기만 하면 행복해질 것 같다. 우리가 어떨 때 행복한지를 생각해보면 언제나 조건이 따라붙는다는 것을 알 수 있다. 연인이 생겨서, 맛있는 것을 먹어서, 원하던 직장에 이직해서, 로또가 당첨돼서…. 원하는 그것이 되기 전까지는 결코 행복할 수 없을 거라고 생각하면서 막상 원하는 걸 가지면 금세 잊고 만다. 무언가에 의존하는 기쁨은, 언제라도 사라질 수 있다. 그게 사실이라고 해도 '아무것도 없이' 행복해지는 법을 우리는 모른다. 마치 아무것도 하지 않는 나를 어떻게 진심으로 사랑할 수 있는지 모르듯이.

온전히 나 자신과 머물러본 경험이 있는가? 손에서 모든 전자기기를 내려놓고, 책도 텔레비전도 보지 않고, 심지어 잠들지도 않고 나 자신과 있어본 적 말이다. 그렇게 하는 것이 명상이다. 나는 그렇게 아무것도 하지 않고 함께 있고 싶은 존재인가? 어쩌면 아무것도 없는 나와 온전히 같이 있다는 느낌이 싫어서, 우리는 끊임없이 외부의 대체물을 찾고 있는지도 모른다.

아무 일도 일어나지 않았는데 어떻게 행복하며, 아무것도 하지 않았는데 내가 어떻게 가치 있을 수 있는가? 내가 이 순간에 뿌리 내리고 있는 인간임을 자각함으로써 그렇게 할 수 있다. 마음이 과거와 미래로 떠다니며 이리저리 흔들리는 것이 아니라 현재에 곧게 뿌리내리고 있다고 자각하면 온전히 현재에 집중할 수 있다. 외부의 도움 없이 온전히 혼자 기쁨의 존재가 되는 법을 배워야 한다. 어쩌면 살아오는 동안, 얼마나 해답이 아닌 것을 쫓아왔는지 알게 될 수도 있다. 언제나 외부 상황은 내가 아니며 이 문제가 나라는 사람의 전부는 아니다.

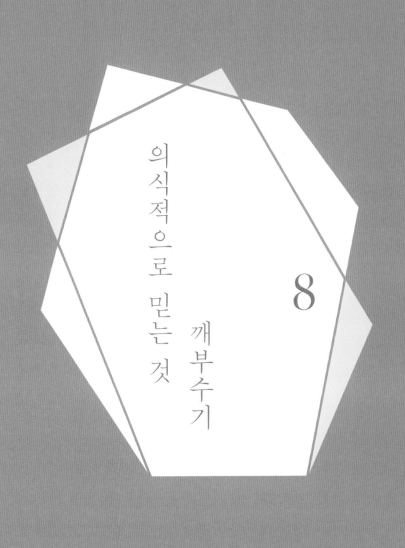

의식적으로 믿는 것 깨부수기

8

당신도 누군가의 존재 없이
혼자서 충만하고 완벽해질 수 있다.

우리가 몰랐던
부정적인 믿음들

우리가 의식적으로 믿는 것은 사실 우리가 아닐 수 있다. 진짜 신념은 '무의식적인 느낌' 속에 새겨져 있다. 인간이 대체로 의식적으로 믿고 있는 것들의 예를 들어보자.

'사랑(연애)은 좋은 것이고 행복을 준다.'
'나는 이것도 잘하고 저것도 잘하고, 이런 매력이 있어. 그러니까 나는 사랑받을 만해. 나는 괜찮은 연인과 만나 행복한 연애를 할 자격이 있어.'

하지만 우리가 항상 의식적으로 믿는 대로 살지는 않는다. 오히려 믿음과 반대되는 모습으로 살아가는 경우가 많다. 비록 자신이

'어른스러운 연애'를 할 자격이 있다고 믿더라도 연애는 대부분 파국으로 끝난다. 가장 사랑했던 사람이 가장 저주하고 싶은 사람으로 끝나고 마는 일이 다반사다.

사랑은 좋은 것이다. 토를 달 이유 없이 맞는 말 같다. 사랑하는 사람과 함께 하는 연애는 안정감을 주고 나를 행복하게 해준다고 너무 당연하게 믿는다. 하지만 그렇게 믿는데도 왜 연애는 눈물과 고통으로 점철되는가? 왜 연애는 구질구질한 바닥을 보고서야 끝나며, 때로는 큰 트라우마를 남기기까지 하는가? 이유가 무엇일까? 내 안의 '진짜 나'는 다른 것을 진실이라고 믿고 있고, 다른 것을 느끼고 있기 때문이다. 사랑은 좋은 것이라고 믿고 싶은, 믿어야 한다고 생각하는 마음 뒤에 숨겨진 진심은 따로 있다. 예를 들면 이런 것이다.

'누군가를 사랑하면 반드시 상처받게 되어 있어.'
'내게 사랑, 행복은 쉽게 허락되지 않아. 나는 행복한 사랑을 할 자격이 없어.'
'내가 원하는 사랑은 허락되지 않을 거야.'
'내가 잘못하면 연인이 나를 버릴지도 몰라.'

이러한 부정적인 믿음들은 우리 자신에게 덕지덕지 들러붙어 있다. '사랑은 좋은 것'이라는 믿음은 우리가 믿고 싶거나, 믿어야만 한다고 생각하는 명제일 뿐이다. 그러니 분명 '사랑은 좋은 건데 난 왜 이렇게 힘든 거야?'라고 생각한다면 실은 자신이 사랑은 나쁜 거라고 생각하고 있기 때문이다. 그렇다면 사랑은 좋은 것이라고 들어왔음에도, 왜 무의식은 사랑이 나쁘다고 믿을까? 숱한 경험을 통해 받은 느낌이 저절로 각인된 것이다. 내가 이성적으로 믿는 것이 내가 아님을 자각할 때, 진짜 내가 무엇을 느끼고 믿는지를 발견할 수 있다.

인생 초기에 형성한 믿음이 중요한 이유

우리는 무의식적으로 믿는 대로 산다. 자신에 대한 진짜 믿음은 대부분 무의식에 잠겨 있다. 성장하면서 어른의 논리로 보기에 비합리적인 것들을 감출 뿐, 무의식적 믿음은 의식적 믿음을 뚫고 나와 우리 삶에 지속적으로 영향을 준다.

늘 새로운 문제가 생긴다고 생각하지만 사실 같은 문제를 다른 양상으로 반복할 뿐이다. 보기에 다 다른 문제들이라도 '느낌'을 파고들면 거의 다 같다. 예를 들어, 버려질지도 모른다는 두려움은 아래와 같이 다양한 양상으로 나타난다.

1. 버려지는 일이 없도록 애초에 연애를 하지 않음으로써 스스로

를 보호한다.

2. 밑천이 다 드러나 회사에서 내쳐질지도(버려질지도) 모른다는 생각에 스스로 승진에 저항감을 느낀다.

3. 부모님이 죽을지도 모른다는 과도한 불안감을 느낀다.

1에서 3까지, 이 모든 문제가 형태는 다르게 보이지만 사실 근원적인 느낌은 같다. '나 버려지면 어떡하지?'라는 느낌 말이다. 매번 연애 대상이 바뀌고 조건도 바뀌지만, 연애를 할 때 느끼는 본질적인 문제점은 늘 같을 수밖에 없다. 생애 초기 양육자와의 일대일 관계는 곧 연애였고, 생애 초기의 첫 연애에서 경험한 모든 감정들이 언어 이전의 기억으로 각인되어 이후의 연애에서도 계속 반복되기 때문이다.

'내 연애는 항상 왜 이렇지?'라는 생각이 들 때, 본질적인 느낌이 무엇인가? '나는 왜 항상 처참하게 버려지지?' '난 왜 항상 이루어질 수 없는 파국적인 사랑만 하지?' '난 왜 항상 …하는 거지?' 그 느낌을 포착해보라. 그것이 사랑에 대한 자신의 근원적인 느낌이다. 근원적인 느낌을 치유해야 문제가 해결될 수 있다.

사랑에 대한 흔한 오해가 있다. 사랑하는 관계에는 아무 문제가 없어야만 하고, 진짜 사랑이라면 마땅히 행복하기만 해야 한다고 믿는다. 갈등 없는, 오로지 행복하기만 한 관계에 대한 환상은 흔하다. 모든 면에서 잘 맞는 영혼의 짝이 언젠가는 나타날 거란 기대도 환상의 한 측면이다. 하지만 애초에 갈등이 없는 관계란 존재하지 않는다. 우리는 각자의 취향과 고유한 기호를 가진 개체다. 친구든 연인이든 부모자식 관계든, 온전히 모든 의견이 맞을 수는 없다. 아마 그런 관계가 있다면 한쪽이 철저하게 희생하며 맞춰주는 관계는 아닌지 살펴볼 일이다.

인간에 대해
통합적으로 지각하기

우리가 잘 잊는 사실 중 하나는, 사람이 모든 면에서 완벽할 수는 없다는 것이다. 어떤 대단한 사람도 흠결이 없을 순 없다. 그 사실을 기억하지 못하고 작은 문제 하나만 보여도 관계를 내던지기로 결심하는 사람들이 있다. 마음에 들지 않는 면이 보이면 소위 '깬다'고 생각되어 도무지 관계를 지속할 수가 없다. 고매한 인격을 가진 사람이 또 다른 면에서 적절치 못한 언행을 하면 비난을 퍼붓는다. 그 사람이 이전에 했던 존경받을 만한 행동마저 평가절하되기 시작한다. 흠결 하나로 사람을 규정해버린다.

이는 사람을 통합적으로 지각하지 못하는 것이다. 어떤 대단한 사람이라도 결점이 존재할 수 있음을 받아들이지 못하고 있다. 이렇게 인간을 통합적으로 받아들이는 데 익숙하지 않은 사람들은 완벽함에 대한 강박이 지나치다. 이런 사람들은 자신의 결점을 발견하거나, 뭔가에 실패하거나 실수하면 당혹스러워한다. 자신의 결점을 손에 쥐고 덜덜 떨면서 이걸 어떻게 은폐할까, 어떻게 만회할까 어쩔 줄을 모른다. 좋은 면만 내 것이고 나쁜 면은 어서 없애버려야 할 그 무엇일 뿐이다.

자신의 흠결에마저 관대하지 않고 그것을 받아들일 줄 모르는 사람들이 어떻게 타인의 결점을 받아들일 것인가. 태어나자마자 조건적 사랑의 세상에 내던져진 인간들이 끊임없이 자기가 받은 대로 타인을 대하고 있는 것인지도 모른다.

'당신, 뭐 하나라도 잘못하면 인간적으로 실격이야. 왜냐면 나 역시 그렇게 길러져 왔으니까.'

누군가를 사랑하는 일은 단지 좋기만 하진 않다. 여러 가지 위험 부담이 따르는 일이다. 믿는 것은 배반당할 두려움을 감수하는 일이고, 사랑하는 것은 이별의 가능성을 감수하는 일이다. 가진 것을 기쁘게 내어주기 위해서는 준 만큼 돌려받지 못할 가능성을 감수해야만 한다. 심지어 타인과 끊임없이 의견을 조율해야만 하는 과정은 얼마나 피곤한가?

사랑은 누군가를 사랑함에 따르는 위험 부담과 상처를 견딜 용기가 있어야만 할 수 있는 일이다. 모든 일이 그렇듯 사랑에도 명암이 존재한다. 사랑이 반드시 아름답기만 해야 한다는 환상에 집착할 때 문제가 생긴다. 사랑은 아름답고 치유의 힘도 있지만, 때로는 구질구질할 때도 있다는 것을 받아들일 때 누군가를 사랑할 힘이 생긴다.

행복해 보이는 연인들은 연애를 하면서 아무 문제 없이 행복하기만 한 것이 아니라, 고통과 갈등의 시간을 잘 견디고 다룰 줄 아는 것일 뿐이다. 보기 좋게 만나는 연인들이 갈등을 견디는 시간은 타인의 눈에 잘 보이지 않는다. 갈등하는 과정은 언제나 물밑에서 이루어지기 때문이다.

우리는 정상적인 사랑에 갈등이 없어야 옳다고 믿는다. 하지만 서로 의견을 조율하고, 다름을 받아들이고, 갈등을 조정하는 과정은 사랑의 주요한 영역이다. 사랑하는 관계가 항상 좋기만 해야 한다는 것은 동화에나 등장하는 환상일 뿐이다. 심지어 동화에서조차 오래오래 행복하게 잘 살기 위해서는 갖은 고난과 역경을 극복해야만 한다.

이분법적 시각으로
세상을 보는 사람

혹시 당신은 이런 사람은 아닌가? 아래 항목이 얼마나 자신과 맞는지 살펴보자.

1. 기분이 외부 환경에 크게 좌우되며 자주 바뀐다.

2. 기분이 극단적으로 좋았다가 극단적으로 나빠질 때가 많다.

3. 혼자서는 좋은 기분을 느낄 수 없고, 나를 기분 좋게 해주는 외적 대상이 있어야만 기분이 좋아진다(연인, 엄마 등).

4. 공허함을 자주 느낀다.

5. 친구나 연인과 갈등이 생기면 곧장 인연을 끊어버린다.

6. 지금까지 잘 지내던 친구에게 실망스러운 점이 보이면 그때부터 친구가 전적으로 나쁘게만 보인다.

7. 친구에게 한번 실망하고 나면 그에게 좋은 점이 많았다는 사실을 기억해내지 못한다.

8. 타인을 전적으로 좋은 사람/나쁜 사람으로 구분해서 바라보고, 좋은 사람에게만 애정을 쏟아붓고 의존한다.

9. 인간관계에서 사소한 문제라도 생기면 완전히 마음을 닫고 돌아서 버린다.

이런 사람들의 공통점은 인간을 통합적인 존재로 바라보지 못한다는 것이다. 즉 어떤 사람이나 현상에 좋은 점도 있고, 나쁜 점도 있다는 사실을 받아들이지 못한다. 이들은 인간관계를 이분법적으로 평가한다. 어떤 사람을 결점이 없는 존재로 이상화하거나, 상종 못 할 인간으로 여기고 돌아서 버린다. 전적으로 좋은 사람 혹은 전적으로 나쁜 사람으로 타인을 구분 짓는 것이다.

전적으로 좋은 사람이 조금이라도 나를 서운하게 하거나 실수를 하면 전적으로 나쁜 사람으로 지각한다. 사람들에게는 대체로 좋은 면도 있고 나쁜 면도 있다는 사실을 받아들이지 못하는 것이다. 타인을 안정된 시각으로 바라보는 능력이 결여되어 있기 때문에, 이런 사람들의 대인관계는 불안정할 수밖에 없다. 어제까지도 완벽히 좋았던 사람이 오늘은 나를 비참하게 만드는 악마가 되어버린다. 조금이라도 그 사람에게 실망하는 순간 어제까지 그 사람이 가지고 있던 좋은 점이 쓸모없어지는 것이다.

이는 인생의 한 시기에 '대상 항상성'이라는 개념을 잘 획득하지 못한 것과 관련이 있다. 대상 항상성이란, 어떤 대상이 눈에 보이지 않을 때도 그 자리에 계속 존재한다는 사실을 아는 능력을 말한다. 생후 6개월부터 하는 까꿍 놀이는 이 개념을 익히는 데 도움이 된다. 벽 뒤로 숨었다가 나타나서 "까꿍!" 하는 양육자를 보면서, 아이는 나의 양육자가 지금 당장 눈에 보이지 않더라도 벽 뒤 어딘가에는 존재할 수 있다는 사실을 깨닫는다. 지금 당장 내 눈에 보이지 않더라도, 나를 사랑해주는 사람은 세상 어딘가에 여전히 존재한다는 사실을 배우게 되는 것이다.

어떤 사람들은 연인이 눈에 보이지 않을 때에도 여전히 자신을 사랑한다는 것을 믿지 못해 끊임없이 연인을 자신의 곁에 두려고 한다. 곁에 있을 때 끊임없이 사랑한다고 말해줘도, 혼자 있으면 그 사실을 기억해내지 못하고 자신이 버려졌다고 느낀다. 대상 항상성을 잘 획득한 사람은, 연인이 내 곁에 없을 때도 변함없이 나를 사랑한다는 사실을 알기 때문에 혼자 있어도 안정적이며 자신의 일에 쉽게 몰입할 수 있다.

하지만 대상 항상성을 획득하지 못한 사람들은 끊임없이 연인을 곁에 매어두려고 하고 사랑을 확인하고자 한다. 지극정성으로 나를 돌보고 사랑해주었던 연인이 때로는 나를 무시하거나 화나게 만들 수도 있다는 사실을 받아들이지 못한다. 연인이 내 곁에 없을 때도 여전히 나를 사랑한다는 것을 믿지 못하거나, 연인이 실수를 했을 때도 여전히 많은 장점을 갖고 있는 사람임을 기억하지 못하는 것은 대상에 대한 일관적인 믿음을 유지하지 못한다는 의미다. 대상에 대한 지각이 상황에 따라 극단적으로 바뀐다면 대상 항상성의 문제를 겪고 있는 것이다.

'전적으로 좋은/나쁜' 세계관이 지배하는 인간관계가 이 문제의 핵심이다. 모든 관계가 그런 식으로 끝난다. 단 하나의 실망으로 돌이킬 수 없다고 느낀다. 과도하게 믿고 좋아했다가 실망하면 상처받고 다시는 만나기 싫어한다.

하지만 어떤 사람들은 내면에 자신을 보살피는 충실한 대상을 가지고 있다. 이 사람들은 좌절에 직면했을 때 타인의 도움 없이 스스로를 돌보고 다독이는 능력이 있다. 무슨 일이 벌어졌을 때 '그래도 괜찮다'고 말해주는 내적인 존재가 있는 것이다. 반대로 어떤 사람들에게는 그런 존재가 없다. 그래서 생존하기 위해 타인에게 의존

해야만 한다. 혼자 있을 때 자신을 기쁘게 해주는 내적 존재가 없기에 외부에서 구해야만 하는 것이다. 그리고 연인이 곁에 없을 때도, 사랑한다고 말하지 않을 때도 여전히 나를 사랑한다는 사실을 믿지 못한다. 행복하기 위해서 특정한 타인이 반드시 있어야 한다고 믿는다면, 스스로 충실한 내적 대상이 되어주지 못한 것이다.

우리는 스스로, 안정적인 내면의 목소리가 되어줄 수 있다. 자기 안에 나를 돌보는 믿음직한 목소리를 지금이라도 만들 수 있다. 지금까지 나 자신을 위로해주는 충실한 내적 대상을 만들어주지 못했다면, 이제부터라도 '어떤 경우에든 내가 나를 보살피겠다'고 다짐해야 한다. 연인이 내 곁에 있어주지 않아 극단적인 외로움을 느끼더라도, 마치 버려진 것처럼 느끼더라도 나만은 나를 버리지 않겠다고 끊임없이 속삭여주는 것이다.

각자의 감정을 보살필 수 있는 사람은 자기 자신밖에 없다. 어떤 사람은 어릴 때부터 내면의 믿음직한 친구를 착실하게 키웠지만 어떤 사람은 그러지 못했다. 내가 나의 의지처가 되어주지 못하고 나를 완성할 타인을 찾아 헤매는 동안, 어떤 사람은 자기 스스로 자신을 채우고 만족시키는 법을 체득했다.

이제부터라도 나 자신의 친구가 되어주는 연습을 해야 한다. 어쩌면 긴 여정이 될지도 모른다. 하지만 영원히 혼자서는 완벽해질 수 없다고 믿기보다는, 혼자서도 나 자신을 채우는 법을 배우는 편이 좋다. 다음과 같은 마음가짐을 연습해보자.

누군가를 아주 사랑하지만, 그 사람 때문에 살거나 죽지는 않겠다.

사랑하지만 의존하지는 않겠다.

두려움 없이 사랑하겠다.

누군가 나를 떠나더라도 받아들이고, 나만은 나를 떠나지 않을 것이다.

나는 어떤 경우에도 나 자신을 버리지 않겠다.

언제든 새로운 사랑을 받아들일 것이다.

나에게 중요한 사람을 잃는 것을 두려워하지 않겠다.

누군가의 존재에 집착하지 않겠다.

누군가 나를 떠나더라도 그건 나의 죽음을 의미하지 않는다.

설사 연인이 떠나간대도 나는 건강하게 잘 살아갈 수 있다.

나는 나만의 기쁨과 안정감을 내 안에서 찾을 수 있다.

실패가 나를 고통스럽게 하더라도 나는 사랑으로 존재하겠다.

아무것도 바라지 않고 나 자신을 사랑해주겠다.

내게 상처준 것을 똑바로 바라보고 사랑하겠다.

타인의 사소한 행동에 흔들리지 않겠다.

내 가장 큰 두려움을 받아들이고 넘어서서 사랑하겠다.

이런 마음가짐을 가진다면 타인에 대한 지나친 이상화를 내려놓고 균형점을 찾을 수 있다. 내면의 인정을 연습한다면 인간관계에 덜 의존할 수 있다. 인간의 좋고 나쁜 모습에 기분이 오락가락하거나 불안정해지는 것도 나아질 수 있다. 비판을 조력으로 받아들이

지 못하고, 자신이 버려졌다고 느끼는 습관도 개선될 수 있다. 타인을 전적으로 좋거나 나쁘다고 판단해서 대인관계에서 갑자기 차가워지거나 돌변하고 관계를 불안정하게 만드는 것도 나아질 수 있다. 내면의 안전지대를 만들어주기만 한다면 말이다. 자기 안에 늘자신을 다독여주는 좋은 친구가 있다는 것을 기억한다면 자신에게얼마나 소홀했는지 깨닫게 될 것이다.

당신도 누군가의 존재 없이 혼자서 충만하고 완벽해질 수 있다.타인의 비난과 버림이 두렵지 않게 될 수 있다. 두려운 일들이 일어나도록 허용하라. 나에겐 내가 있다는 것을 언제 어디서든 기억하라. 가장 두려워하는 일이 일어나더라도 나만은 나를 버리지 않겠다고 끊임없이 다짐하면서.

고통받을 용기,
도전할 용기

갈등과 고통을 견디는 힘이 부족하면 사랑불능이 되기 쉽다. 어두운 면을 도무지 견디지 못한다. 연애가 너무 고통스러워 차라리 더 이상 연애하지 않기를 택한다. 연애에 따르는 고통을 다시겪는 게 두려워 누군가를 사랑할 수조차 없게 된다. 이럴 때 필요한것이 사랑에 대한 통합적 지각이다. 우주에 어둠과 밝음이 존재하듯, 사랑에도 밝은 면과 어두운 면이 골고루 존재한다는 사실을 자각해야 한다.

사랑만이 아니라 사람에게도 그렇다. 인생의 모든 일이 그렇다. 도전이라는 행위에는 성공과 실패라는 두 가지 가능성이 공존한다. 실패의 두려움을 감수하는 자만이 도전할 수 있다. 하지만 어두운 면에 저항한다면 도전이라는 것에 접근하지 못하게 된다. 이렇게 우리가 하고자 하는 모든 일에는 명암이 있다는 사실을 받아들이지 못하면 그 어떤 일도 할 용기가 나지 않는다. 더 이상 도전하지 않는 것, 더 이상 연애하지 않는 것, 그 모든 것은 사랑과 성공에 대한 잘못된 신화에 집착하고 있기 때문이다. 도전을 하고 누군가를 사랑할 용기를 내는 사람들은 그 과정에서 언제나 행복한 게 아니라 (비록 겉으로는 언제나 행복해 보일지라도) 단지 고통을 견딜 용기가 있을 뿐이다.

이 말이 '고통받을 용기를 내서 어떻게든 사랑을 해야만 한다'는 뜻은 결코 아니다. 건강한 자기애를 갖고 있다면 자신의 외로움을 채우기 위해 군이 타인의 사랑이 필요하지는 않다. 단지 사랑하는 것이 두렵고 스스로 문제를 인식하고 있다면, 사랑이 언제나 완벽해야만 하는 것은 아님을 자각할 필요가 있다는 뜻이다. 또한 불균형하고 파괴적인 관계까지 견뎌야만 한다는 뜻도 아니다. 서로의 행복과 성장을 북돋워주는 관계일 때에만 어두운 면을 받아들이는 것이 가치가 있다. 사랑에 대한 신화를 깨부수고, 사랑에 좋은 면과 나쁜 면이 골고루 존재한다는 사실을 받아들여야 한다. 사랑에 대한 통합적 지각을 형성하는 것은, 사랑에 대한 진짜 믿음을 바꾸는 좋은 방법이다.

자신의 가치를 자각하는 데 다른 사람의 도움은 필요 없다. 칭찬과 인정을 항상 받고 사는 사람은 자존감이 높을 것 같지만 알고 보면 꼭 그런 것도 아니다. 다른 사람의 인정에 의존해 자신의 가치를 세우는 것은 궁극적으로 '자기가치감'을 변화시킬 수 있는 방법이 아니다.

이런 의문이 들 수도 있다. 내가 꽤 괜찮은 사람인지 아닌지 증언해주는 타인도 없이 스스로 가치 있다는 것을 어떻게 알 수 있을까? 게다가 타인이 "넌 태어나지 말았어야 했어."라거나 "참 ○○씨는 우리 회사에서 써먹을 데가 하나도 없네요."라고 말하기까지 하는데, 스스로를 어떻게 사랑할 수 있을까?

타인의 평가와
자신을 분리하기

스스로가 나 자신을 조건적으로 바라보는 습관에서 탈피하자. 타인의 평가보다 더 문제가 되는 것은 자기 자신의 조건적 평가다. 자신을 조건적으로 바라보는 것, 특정 이유 때문에 사랑받을 만하고, 사랑받을 자격이 없다고 생각하는 습관을 내려놓아야 한다. 그 어떤 타인보다도 먼저 스스로가 외부 조건은 나 자신이 아님을 자각할 필요가 있다. 조건과 나를 동일시하지 않을 수 있게 되면, 타인의 평가에서 자유로워지는 나를 발견할 것이다. 때로 조건이 내가 아님을 느끼는 순간이 있다. 칭찬을 받았는데 '그건 내가 아니야.'라는 느낌이 들 때 말이다. 다음과 같이.

> '당신이 좋게 보는 건 가짜예요. 당신이 아는 게 다가 아니에요. 사실 당신이 내 진짜 모습을 알게 되면 실망하고 떠나갈걸요?'

칭찬받은 그게 내가 아니라면 뭐가 나란 말인가? 답은 모르지만 어쨌든 사람들이 나에 대해서 칭찬하는 점이 나 자신이 아니라고 느낀다. 칭찬을 받을 때는 외부 조건과 자신을 잘도 분리하면서 비난이나 평가를 받을 때는 그토록 결점과 자신을 동일시한다. 다음과 같이.

> '맞아요. 사실 나 진짜 구려요. 당신은 결국 내 실체를 알게 돼버렸군요. 들켰네요.'

왜 칭찬받을 때 무의식은 '그건 내가 아니에요!'라고 저항하면서, 비난받을 땐 '당신이 맞았어요, 들켰네요.'라고 말하는 걸까. 비난받을 때는 외부의 조건(타인이 비난한 것)과 내 본질에 대한 느낌(나는 훌륭하지 않다는 생각)이 동일하기 때문이다. 내 실체가 칭찬받을 만하지 않다고 믿고 있는 한, 나는 가치 없다는 느낌을 갖고 있는 한 우리는 비난을 들을 때 들켰다고 생각하고, 칭찬을 들을 땐 가짜라고 생각한다. 진짜 내가 가치가 없다고 생각하기 때문에 내가 가진 외부 조건에 대해서 타인이 가치 없다고 평가하면 타인이 나를 제대로 봤다고 생각하게 되는 것이다.

그런데 남들이 도대체 알긴 뭘 안단 말인가? 아무것도 모른다. 내 본질이 어떤지, 내 실체가 어떤지 남들은 결코 볼 수 없다. 타인이 평가할 수 있는 건 오로지 외적 조건뿐이다. 그리고 본질, 즉 나에 대한 느낌을 바꿀 수 있는 건 오로지 나 자신뿐이다. 타인의 칭찬은 결코 본질을 바꿀 수 없다.

타인은 그저 눈에 보이는 것을 말할 뿐이다. 그들이 눈에 보이는 기준을 가지고 내리는 판단으로 자신의 정체성을 규정짓지 말아야 한다. 그들은 아무것도 모른다. 남들이 뭐라고 생각하건 내 본질에는 영향을 미치지 못한다는 뜻이다.

그들은 결코 당신이 아닌 것만을 볼 수 있을 뿐이다. 당신은 시험 성적 그 자체가 아니고, 도전의 결과 그 자체가 아니며, 당신이 다니는 회사 그 자체가 아니며, 당신의 수입 그 자체가 아니다. 내가 싫어하는 나의 일부가 나의 전부가 되게 하지 말아야 한다. 오로지 당신의 솔직한 느낌 말고는 당신인 것이 아무것도 없다. 당신은 그것이 아니다.

다른 사람이 자꾸
내 자존감을 갉아먹는다면

정말로 자신을 조건 없이 사랑해줄 수 있다면 이런 항변이 필요 없다. 스스로의 가치를 인정하지 못할 때만 타인의 말에 타격을 입기 때문이다. 이렇게 느낀다는 것은 자신을 '제대로' 사랑하지 않고 있다는 뜻이다. 어떤 경우에도 자신을 사랑해주겠다고 다짐했다가도, 내면의 평화를 깨뜨리는 외부의 사건이 발생하면 금방 좌절감을 느낀다. 나의 평화가 다른 사람으로 인해 속수무책으로 깨져버리는 불안정한 것이라는 피해의식을 느끼기도 한다.

우리는 외부의 상황을 선택할 수 없다. 하지만 내면의 반응은 선택할 수 있다. 내 평화가 타인으로 인해 깨어졌다고 느끼는 순간, 내가 자동적으로 느끼는 감정을 바라보아야 한다. 먼저 타인이 나의 가치를 침해했다는 생각은 허상이라는 것을 자각하자. 타인의 평가는 결코 나의 가치를 높이거나 낮출 수 없다.

변화하고 싶다면, 모든 순간 지금까지와는 다른 반응을 선택해야 한다. '정말 잘 살고 싶은데, 왜 항상 저 사람은 내 인생을 망쳐버리는 걸까…'라는 생각이 들었다면 이제는 그 생각을 포기하고 다른 생각을 선택하는 것이다. 타인은 내 무의식에 어떤 감정이 있는지를 비춰주는 거울이다. 우리가 느끼는 모든 감정은 스스로 감정의 주인이 될 연습을 할 기회를 준다.

'타인의 인정 없이, 어떻게 스스로 가치 있다고 느낄 수 있는가?'

에 대한 답은 누구보다도 먼저 자신의 감정에 귀 기울이는 데 있다. 타인이 자존감을 깎는 발언을 할 때 우리는 곧장 그것이 사실이라고 믿고 의문을 던지지 않는다. "넌 태어나지 말았어야 했어."라는 말을 계속 듣고 자란 경우 무력하게 그것이 사실이라고 믿는다. 이럴 때 늘 우리의 진짜 감정은 존재를 숨기고 존중받지 못한다. 솔직한 나 자신의 반응이 억눌린 채로 숨겨져 있는데, 이 억눌린 감정이 무슨 말을 하는지 들을 생각을 하지 못한다. 태어나지 말았어야 했다는 말을 들었을 때 진짜 나인 감정은 뭐라고 말하고 싶을까. 아마도 이렇게 말하고 있을 것이다.

'아니에요, 난 사실 가치 있는 존재예요. 누구라도 제발, 내게 가치 있는 존재라고 말해주세요.'

그 어떤 상황에서든 내 감정이 뭐라고 말하는지 귀를 기울여보자. 그리고 감정에게 네가 느끼는 것이 옳다고 말해주어야 한다.

나를 사랑할 수 없는
현재의 내 마음조차도 받아들여라

무조건적인 자기사랑은 학벌, 외모, 남들의 평가와 상관없이 자신을 사랑하는 것일 뿐만 아니라, 내 마음 상태가 어떻든지 있는 그대로의 나 자신을 받아들인다는 뜻이다. 만약 있는 그대로의 현재 상태가 나 자신을 사랑하지 못하는 것이라면 그것조차도 받아들이는 게 자기사랑의 시작이다.

'나는 나를 더 사랑해야 하고, 사랑하고 싶은데 왜 안 되지? 그리고 왜 사랑해야 되는지도 모르겠어…'

이런 생각이 든다면, 자신을 사랑하지 못하는 나를 받아들이는 대신 저항하고 있는 것이다. 대부분의 사람들이 자신을 더 사랑하려고 발버둥을 쳐야 괜찮아질 거라고 생각한다. 하지만 그렇게 '사랑해야 돼!' 한다고 어느 날 갑자기 나 자신을 사랑할 수 있는 것은 아니다.

자신을 사랑하지 못하는 상태에 저항하지 않기 위해 '그게 왜 문제지?'라는 질문을 스스로 던져볼 수 있다. 그러면 무조건적으로 나 자신을 사랑하길 원한다면서, 나 자신을 사랑하지 못하는 현재의 나조차 받아들이지 못하고 있다는 사실을 깨닫게 된다. 현재의 내 상태도 있는 그대로 인정하지 못하는데 곧장 나를 사랑할 수 있을 리가 없다.

우선 내 현재 상태를 받아들이는 게 시작이다. 설사 그 현재 상태가 나를 사랑하지 않고, 왜 사랑해야 하는지 모르는 것일지라도 인정해야 시작할 수 있다. 사랑하기 위해서는 먼저 받아들여야 한다. 받아들임 다음에 사랑이 오는 것이 자연스럽다. '내가 싫다'는 느낌을 저항하지 않고 느껴보자. 저항하지 않으면 싫다는 느낌은 언젠가 사라진다. 자신을 사랑하려고 발버둥 치다 보면 달라질 것이라고 기대하겠지만, 발버둥 친다는 건 그저 내 현재 상태에 저항하고 있다는 뜻일 뿐이다. 그러다 보면 나를 사랑하지 못하는 자신을 받아들이지 못하는 상태만 이어갈지도 모른다. 저항하는 것들은 항상 지속되기 때문이다.

나를 사랑하지 못한다고 해서 문제라고 인식하지 않는 것, 나를 사랑하지 못하는 내 상태가 문제인지 아닌지 그 어떤 평가도 하지 않는 것, 있는 그대로의 내 상태를 판단하지 않고 무조건적으로 받아들이는 것. 그것이 진정한 무조건적 자기사랑이다. 남들은 나에 대해 끊임없이 판단하겠지만, 나만은 나 자신에게 평가의 잣대를 들이대지 않겠다고 다짐하라.

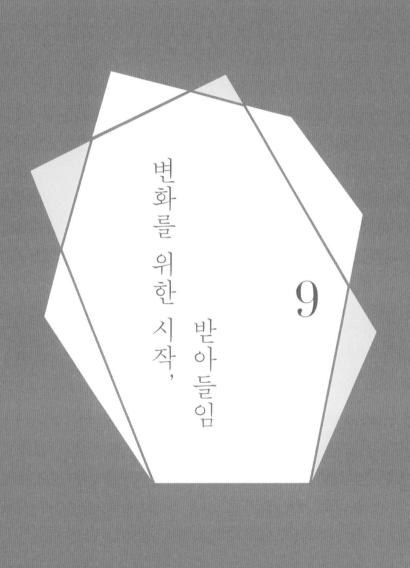

변화를 위한 시작, 받아들임

9

저항하지 않는 마음,
받아들임은 모든 문제 해결의 시작이다.

**당신에겐
결함이 없다**

엘리베이터에서 내 인사를 무시한 이웃에게 무안함이나 약간의 짜증을 느꼈다면 그리 특별할 것이 없다. 하지만 살인 충동 혹은 극도의 분노를 느꼈다면 되돌아볼 필요가 있다. 극단적 감정을 느끼는 모든 경우에 멈춰 서서 기억을 더듬어보는 것이다. 이 감정은 과거의 어떤 고통스러운 경험과 관련이 있는가? 모든 문제가 내게 결함이 있다는 가정에서 시작된 것처럼, 당신의 모든 문제를 야기한 과거의 사건이 있을 것이다.

그 사건이 무엇이든 사실 당신에겐 결함이 없다. 이건 조건에 관한 진술이 아니라 모든 인간의 내면에 관한 진술이다. 어떤 사람들은 내면에 결함이 있다는 무의식적 믿음 때문에, 자신의 조건이 뛰어남에도 불구하고 자신은 온전한 행복을 누릴 자격이 없다고 생각한다. 때로는 내면은 근사하지만 외부 조건은 눈뜨고 봐줄 수 없을 정도로 형편없다고 생각한다.

결함이 있다는 내적 도식을 수정하면, 조건이 사라져서 뒤의 문장도 성립되지 않는다. 결함이 없으면 버려질 이유도 없고, 최고의 것을 못 가질 이유도 없고, 원하는 것을 못 가질 이유도 없고, 행복이 오래 지속되지 못할 이유도 없다. 그러니 근원이 되는 도식이 무엇인지 발견해야 한다.

무의식에 남아 있는 도식을 바꿔보자. 내적 믿음을 바꾸기 위해 가장 먼저 해야 할 일은 자신이 느끼는 것을 외면하지 않고 직면하는 일이다.

'내게는 결함이 있다.'
'결함을 들키면 버려질 것이다.'

만약 나의 내면에서 이런 무의식적인 신념을 발견했다면, 먼저 두려움을 인정해주자. 결함이 있어 버려질지도 모른다는 생각이 두렵지만, 그런 나 자신을 받아들인다고 말하는 것이다. 그런다고 뭐가 달라질까 싶은가? 상처를 똑바로 바라볼 수 있다면 치유될 수도 있다. 상처를 똑바로 바라보고 인정하기를 거부하는 것이 트라우마의 증상이다.

내적 변화를 위한
3단계

인생의 영역에서 문제를 일으키는 '잘못된 믿음'을 찾아냈다고 모든 문제가 해결되는 것은 아니다. 그저 원인을 찾은 것만으로는 문제가 사라지지 않는다. 병의 원인을 찾아냈다고 해서 병이 사라지는 것은 아니듯 말이다. 원인을 깨닫고 나면 처음에는 잠시 좋아지는 것처럼 보이다가도, 똑같이 같은 문제가 반복될 뿐이다.

똑같은 감정을 느낄 때마다 매번 '이건 이래서 그런 거야.'라고 내 자신을 이해시키다가 결국에는 지치고 말 것이다. '도대체 언제까지 이 짓을 반복해야 하는 거지? 대체 난 언제 과거의 트라우마에서 벗어날 수 있는 거지?'라고 고통스러워하면서.

문제의 원인이 무엇인지 자각하는 건 절반의 해결책이다. 나머지는 그런 일이 나에게 일어났음을 인정하는 과정이다. '인정? 그게 뭐 대수라고.'라고 생각하겠지만 대부분의 사람은 그런 일이 일어났다는 사실을 입에 담는 것조차 어려워한다. 나는 버려졌었다, 학대당했다, 또는 결함이 있어 버려질지도 모른다는 두려움을 갖고 있다고 인정한다는 건 정말로 쉬운 일이 아니다. 마음 깊은 곳에서 저항감부터 올라온다.

대부분의 사람들이 가장 두려운 일은 입에 담으려고도 하지 않는다. 이번엔 반드시 붙어야만 하는 시험에서 떨어질까 봐 두려운 사람이 "나는 시험에 떨어질까 봐 두려워."라고 소리 내어 말하기는 쉽지 않다. 오히려 부정 타서 시험에 악영향을 미칠까 봐 그런 얘기는 입 밖에 내려 하지 않는다.

지난 연애처럼 이번에도 연인이 나를 버릴까 봐 두려워하는 사람도 혹시 그런 일이 벌어지기라도 할까 봐 두려워서 쉽게 말하기 힘들 것이다. 입 밖에 내어 말할 수 없다는 건 아직 해결되지 않은 상처가 있다는 뜻이다. 다른 의미로는, 아직 상처를 직시하지 못하고 저항하고 있다는 뜻이다. 상처와 연관된 자극들을 직면하지 못하는 건 실제로 상처가 깊다는 증거 중 하나다.

상처를 직면할 힘이 없을 때, 인간은 다양한 방식으로 스스로를 방어한다. 가장 쉬운 방법은 마치 그 일이 아예 없었던 척하거나 상처를 외면하는 것이다. 그 상처를 배제한 새로운 정체성을 만들어 놓고 연기하며 살아가기도 하고, 아예 그 상처에 대한 이야기가 나오면 입을 꾹 다물고 모른 척하는 등, 일상에서 다양한 양상으로 표출된다. 이렇게 자신의 감정을 부인하는 것은 근본적인 문제 해결을 막는다.

반면 상처에 관해서 이야기할 수 있게 되었다면 상처가 조금은 치유되었다고 믿어도 좋다. 가슴 아파서 볼 수 없던 사진을 볼 수 있게 되거나, 상처와 관련된 특정 단어를 똑바로 바라볼 수 있게 된 것도 상처가 조금은 치유되었다는 증거다. 따라서 고통스러운 과거가 있었음을 소리 내어 진술하는 것은 상처를 직면하는 작업이라고 할 수 있다.

상처를 똑바로 바라보지 않으면 어느 부분에 약을 발라야 하는지 알 수 없다. 고개를 돌린 채로는 상처 부위에 정확히 약을 바를 수가 없으니 말이다. 상처를 똑바로 쳐다보고, 상처에 대해 이야기하고, 상처에 대해 충분히 슬퍼하는 것은 상처 치유에 반드시 필요한 작업이다.

1단계: 가장 큰 두려움 직면하기

자신의 두려움에 대해 소리 내어 진술하거나 써보는 작업을 통해서 자신이 억압해왔던 감정을 발견할 수 있다. 내가 가장 입에 담기 힘든 두려움이 무엇인가?

이 과정은 내가 의식적으로 믿는 것들이 아니라 무의식적으로 믿고 있는 것들이 내 삶에 영향을 미치고 있었다는 사실을 자각하게 한다. 사랑은 좋은 것이라는 의식적 믿음 말고, 사실 '사랑은 나를 고통스럽게 하는 것'이라는 두려움이 내 삶을 움직이고 있었음을 자각하고 의식으로 끌어올리는 작업이다.

어쨌든 우리는 의식적으로 자각한 문제만을 치유할 수 있다. 자신의 감정에 대해 기술하는 것은 내 삶을 움직이고 있는지도 몰랐던 무의식들을 수면 위로 꺼내는 작업이다.

2단계: 최악의 상황 받아들이기

어떤 두려움을 발견했다면, 다음으로 그런 감정을 느끼는 나 자신을 받아들이고 인정하겠다고 선언한다. 받아들임이란 내 눈에 좋아 보이는 것만을 선별해서 수용하는 일과는 다르다. 내가 가장 거부하는 것, 받아들이기 힘든 것을 나의 일면으로 인정해야 진정한 받아들임이라고 할 수 있다.

가장 저항하는 무언가를 받아들이는 건 당연히 쉬운 일이 아니다. '이 시험에서 떨어지더라도', '연인에게 처참하게 버려지더라도(버려진다는 것은 개인이 지각하는 방식에 달린 것이지만)' 등 내가 두려워하는 일이 생기더라도 받아들일 수 있는지 스스로에게 질문해보아야 한다.

최악의 상황을 받아들이는 과정에 성공의 비밀이 있다. 최악의 상황을 받아들인다는 것은 자신의 행복을 외부의 결과에 맡기지 않는다는 뜻이다. 혹시나 나쁜 결과가 일어나더라도 괜찮다고, 받아들이겠다고 마음먹은 상태다.

우리는 때로 자신이 통제할 수 없는 인생을 속수무책으로 겪어야 하는 피해자라고 느끼곤 한다. 하지만 어차피 삶에 나타나는 모든 사건들을 통제할 수 없다면, 우리가 할 수 있는 일은 보는 방법을 달리하는 것이다. 상황에 임하는 자세를 달리해보자. 최악의 상황을 받아들인다는 것은 인생과 더 이상 싸우지 않겠다고 결심한다는 뜻이다. 저항하지 않는 마음, 받아들임은 모든 문제 해결의 시작이다.

3단계: 변화할 힘이 있음을 선언하기

다음으로 나에게는 앞으로 나아갈 힘이 있다고 선언한다. 자신의 두려움을 인정하고, 받아들이고, 나에게 삶을 변화시킬 힘이 있음을 각인시키는 것이다.

"나는 결함을 들키면 버려질까 봐 두렵다.
하지만 그런 나 자신을 있는 그대로 인정하고 받아들인다.
나에게는 변화할 힘이 있다."

양육자에 대한
신화 내려놓기

어떤 사람들에게는 부모가 세상에 대한 온전한 믿음을 주지 못했던 것이 맞다. 그 사실을 인정하고 받아들이는 데서 치유는 시작된다. 어떤 사람들은 마땅히 받았어야 하는 사랑을 받지 못했다. 자식에게 온전한 사랑을 주고 세상에 대한 건전한 믿음을 형성하게 해주는 것은 부모의 유일한 책임일 것이다. 그럼에도 자신이 무조건적 사랑을 받지 못했다는 사실을 대면하면 처음에는 저항감과 원망이 커질 것이다. 자신에게 모든 것을 내어줄 수 있는 전지전능한 부모를 상정했지만 현실은 좌절의 연속이었다. 이 비극 속에 우리가 부모에게 부과한 기대가 드러난다. 완벽한 존재를 원했지만 현실은 그렇지 않았다.

완벽함에 대한 기대는 필연적으로 좌절을 불러온다. 객관적으로 자신의 부모를 바라보는 것은 쉬운 일이 아니다. 각자가 가진 피해 의식 때문에 우리는 부모를 객관적으로 바라보기를 주저한다. 심지어 그들의 삶을 이해하고 받아들이면 내 고통은 누구에게 위로받을 수 있을지, 저항감마저 든다. 그럼에도 어쩔 수 없이 어떤 일이 일어났다면, 그 일은 일어났어야만 했다고 받아들여야 한다.

양육자들은 부족했고 모자랐다. 내면에 연약한 아이를 품고 있는 어른들이었기 때문에 제 역할을 다하지 못했다. 그들의 개인적 내력이 어떠했든 그들은 부모로서의 역할을 충실히 다하지 못했다. 때로는 충실하려고 최선을 다했을지라도 어쩔 수 없이 우리에게 상처를 준 적이 많았다. 그것은 우리 앞에 놓인 진실이다.

그러나 중요한 것은 양육자가 만들어준 세상이 전부는 아니라는 사실이다. 그들로 인해 형성된 믿음이 전부는 아니다. 더 이상 양육자와 세상을 동일시할 필요가 없다. 우리는 자라오는 과정에서 형성된 세상에 대한 믿음을 파기해야 한다. 무언가를 해야만 사랑받을 수 있을 거라는 조건적 사랑에 대한 믿음을 포기해야 한다. 부모의 영향력을 벗어나 새로운 세상을 만들어가는 것은 우리 각자의 몫이다.

애쓰기를 멈추고
조건적 사랑 탈피하기

칭찬이 의도와 다르게 안 좋은 효과를 내기도 하는 이유는 그것이 조건적 사랑이기 때문이다. 칭찬은 '나는 이것을 해야만 가치 있고 사랑받을 수 있는 존재'라는 생각을 무의식적으로 강화시킨다. 타인의 칭찬을 받아서 자기가치를 확인하려는 목적으로 어떤 일을 하게 되면 그 과정에서 개인의 의사는 무시된다. 내가 이 일을 정말 하고 싶은지 아닌지 생각할 여유도 없이 외부에서 자기가치를 확인하고자 하는 행동을 반복하게 되는 것이다.

우리가 해야만 하는 일은, 누군가에게 인정받으려고 애쓰기를 멈추는 것이다. 자신의 가치를 외부에서 찾으려 했던 지금까지의 습관과 단절되어야 한다. 타인의 인정이 필요하다고 느낄 때마다, 그 인정을 내가 자신에게 주는 연습을 해야 한다. 타인에게 '잘했어', '잘하고 있어'라는 말을 듣고 싶다면 그 말을 스스로 해보는 것이다.

쉽게 입이 떨어지지 않을 것이다. 지금까지 한 번도 스스로 격려해본 적이 없다면, 아마도 당신은 자신이 가치 없다고 믿고 있을 가능성이 크기 때문이다. 오히려 저항감만 든다면 여기서도 먼저, 내가 저항감을 느끼는 나를 받아들여 주어야 한다. 조건적인 사랑을 탈피한다는 것은 자신의 감정을 판단하지 않는 것이다. 내가 느끼는 감정이, 곧 나 자신이 옳다고 말해주자.

"잘했다는 말을 듣고 싶구나. 그래, 네가 느끼는 감정이 옳아. 참 오랫동안 인정이 그리웠던 거구나."

누군가 안아줬으면 하는 생각이 들 때도 "누가 안아줬으면 좋겠구나. 너무 외로웠구나. 네가 느끼는 감정은 옳아."라고 말해주자. 한밤중에 불안에 젖어 눈을 뜰 때, 그저 나에게 가만히 말해주라. "지금 불안하구나. 네가 느끼는 감정이 옳아. 네가 그 감정을 다 느낄 때까지 내가 너와 함께 있어줄게. 내가 너를 기다려줄게."

장점을 찾아서 자존감을 높이라고 하는 것, 누구나 잘하는 게 하나라도 있으니 남들과 비교하지 말고 나만의 강점을 찾아서 자신을 사랑하라고 하는 것은 인간의 한쪽 면만을 말하고 있다. 우리가 해야 할 일은 내가 사랑받을 수 있을 만한 이유를 눈을 씻고도 찾을 수가 없는데 억지로 찾아내는 것이 아니라, 그냥 있는 그대로 인정해주는 것이다. 아무리 노력해도 예쁜 점을 찾을 수 없는 눈을 갖고 있다고 스스로 생각하면서 "내 눈도 예쁘다"는 마음에도 없는 말을 억지로 쥐어짜내는 것이 아니라, 그냥 내가 이런 눈을 갖고 있음을 받아들이는 것이다.

이런 모양의 눈, 코, 입과 성격적 특성들, 그 모든 것을 조합한 사람이 나임을 받아들여라. 예쁜 건 나고 안 예쁜 건 내가 아니라고 저항했던 삶에서, 좋은 것이든 나쁜 것이든 나라고 받아들이는 삶으로 나아가는 것이다. 어떤 장점이 있어서 내가 좋다고 말하는 것

이 아니라, 단점이 있음에도 이대로 옳다고 말해주는 것이다. 울퉁불퉁한 면, 매끄러운 면, 이런저런 모습이 통합되어 있는 하나밖에 없는 나라서 좋다고 말해주는 것이 차라리 낫다.

'네가 예뻐서 좋아, 네가 나한테 잘해줘서 좋아, 네가 좋은 직업을 가지고 있어서 좋아, 네가 성격이 너그러워서 좋아.'

이런 말들이 우리가 정말로 듣고 싶었던 사랑 고백은 아니다. 그냥 너의 모든 면이 다 좋다는 말을 듣고 싶었을 것이다. 눈을 씻고 찾아봐도 예쁜 점을 찾을 수 없다고 생각했던 눈을 받아들일 때, 그 받아들여진 눈이 얼마나 아름답게 변화할지는 아무도 모르는 일이다. 저항하는 것은 지속되고 받아들이는 것은 사라진다.

어떤 경우에도 나를 받아들이는 연습을 할 때 중요한 것은 두려움을 끝까지 파고들어가는 것이다. 먼저 두려운 것이 무엇인지 떠올려보자. 직장을 구하지 못하는 것, 연인과 헤어지는 것…. 그 일이 일어나면 나는 어떻게 되는가? 부모님이 한심하게 생각할까 봐 두려운 마음이 드는가? 그렇다면 먼저 부모님이 자신을 한심하게 생각하더라도 받아들이겠다고 결심하라.

타인의 생각과 판단은 결코 내 가치를 좌우할 수 없다는 것을 기억하라. 만약 연인이 나를 떠나면 혼자 살 수 없을까 봐 두려운가? 그러면 혼자 살 수 없는 나 자신을 받아들일 수 있을 때까지 받아들여라. 두려워하는 일에 따르는 모든 부산물들을 받아들이는 것이다. 그 고통에 저항하고 회피하는 것이 아니라 온몸으로 받아들여라. 그리고 타인이 나를 버리더라도, 그로 인해 어떤 고통스러운 감정을 경험해야 하더라도 받아들이겠다고 끊임없이 마음을 먹는 것이다.

거짓 자아
내려놓기

사랑받고 인정받으려 애쓰기를 멈추는 순간 무조건적인 사랑이 돌아온다는 것은 역설적이다. 그러나 아무것도 하지 않아야만 무조건적인 사랑을 받을 수가 있다. 내가 사랑을 받으려고 어떤 행위를 하는 순간, 상대방에게서 오는 사랑은 조건적 사랑이 될 수밖에 없다. 누군가에게 나 자신이 어떤 사람인지 설명할 필요는 없다. 무조건적으로 사랑받으면 나 역시 타인을 무조건적으로 대할 수 있게 된다. 무조건적 사랑은 그렇게 흘러 선순환이 된다.

인정에 너무 집착해 거짓 자아로 자신을 두르고 나면 오히려 무조건적 인정과는 거리가 멀어진다. 애쓰지 않고 얻어낸 성취는 괴리감이나 공허감을 주지 않는다. 멋져 보이려 갖은 애를 쓴 다음에야 얻어낸 찬사는 '넌 진짜 나를 모르잖아'라는 생각만 불러오지만, 모든 걸 놓았을 때 오는 인정은 있는 그대로의 내면의 반영이다.

다시 말해 '난 아무것도 꾸민 게 없는데 저 사람은 내가 마음에 든다고 하네?'라는 생각이 드는 것이다. 그제서야 무조건적인 사랑을 받는 느낌이 어떤지 경험할 수 있다. 무위로 얻어낸 사랑이 얼마나 진실한지 그 울림을 느끼려면, 우리를 덮고 있는 거짓 자아를 내려놓아야 한다.

인정받고자 하는 욕심을 내려놓고 보잘것없는 나라도 다 보여주기로 마음먹는 순간 진짜 인정이 들어온다. 보잘것없는 자신을 그럴싸해 보이게 만들어줄 거짓 자아를 치장하는 데 힘을 쏟느라 남들이 본질을 볼 틈을 주지 않았던 것은 아닌가?

끊임없이 다른 곳으로 가려 했던 나를 놓아두라. 내 몸의 안전을 지키기 위해 환경을 완벽하게 유지하려 집착했고, 더 큰 성취를 얻기 위해 투쟁해왔던 건 아닌가. 너무 빈틈없어 보이려, 완벽해 보이려 노력하느라 내면의 아이는 탈진했다.

가면을 벗고, 인정받겠다는 그 어떤 의도도 없이 사람들 속으로 들어가면 오히려 자신에게 있는지도 몰랐던 면을 발견하게 된다. 있는 그대로의 자신이 까발려지는 걸 받아들이기로 마음먹은 뒤에야 발견할 수 있는 존재의 정수다. 화려한 거짓 자아로 애써 덮으려 한들 마음속에는 공허함만 차오를 것이다. 기댈 만한 거짓 자아 없이 온전히 드러나는 나를 받아들이면 진짜 평화가 온다. 수많은 조건들로 거짓 자아 덮기를 포기하는 것이다.

벌거벗고 광장에 서 있어도, 그 어떤 화려한 가면이 없어도 괜찮다. 겸허히, 아무것도 가리려 하지 않고 서 있는 순간 당신의 빛은 사방팔방으로 퍼질 것이다. 가만히 묵상해보라. 눈을 감고, 자신을 가려줄 것이 아무것도 없는 그 느낌을 가만히 견뎌보아야 한다. 그리고 자신의 내면에 살아 있는 아이의 손을 잡고 함께 있어주자.

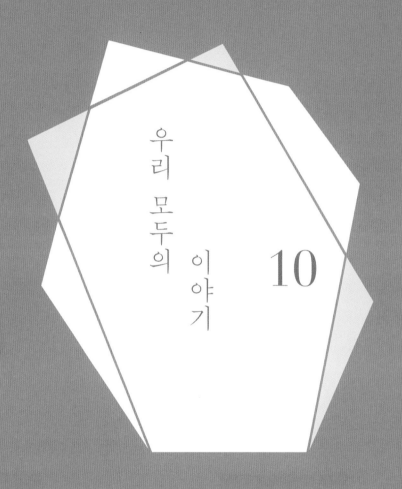

우리 모두의 이야기

10

인생을 통째로 받아들일 것인가?
아니면 아무것도 받아들이지 않을 것인가?

잘못된 대상에
의존하는 당신에게

안 되는 걸 알면서 놓을 수가 없다. 나에게 주는 위안이 아무것도 없는데도, 오로지 고통스럽기만 한 사랑인데도 그것을 놓을 수가 없다. E는 단기간에 연애 상대에게 심각하게 빠져들고, 완전히 의존했으며, 잠깐이라도 단절된 시간을 견디지 못하고 분리불안을 느꼈다.

E의 가장 큰 문제는 정상적으로 애정을 주고받을 수 없는 이에게 정서적으로 심각하게 의존하고 있다는 것이었다. 상대는 취직을 준비한다는 평계로 자주 만나기 힘들었고 제대로 연락도 되지 않았다. E는 항상 자신이 힘든 사랑을 선택한다고 느꼈다. E가 자주 하는 말은 "왜 내 사랑은 항상 이렇게 힘들죠?"였다. 현실적으로 상대와의 만남이나 소통이 거의 불가능했고, 어쩌다 가끔 연결이 되더

라도 상대는 E에게 안정감을 주지 못했다.

연애라고 하기엔 아무런 교감도 오가지 않는 관계에 병적으로 의존하고 자아의 뿌리까지 흔들리고 있다는 것이 문제였다. 항상 힘든 연애가 반복되는 것보다 더 큰 문제는 연애를 할 때 다른 사람에게 급속도로 의존하게 되는 것이었다. E는 자신에게 안정감을 결코 줄 수 없는, 잘못된 대상에게 의존하는 병리적인 애착을 보이고 있었다.

이때 E는 무엇을 사랑하고 있는 것인가? E의 최초기억이 이 의존성과 연결고리가 있는 듯 보였다. 장난감 가게에서 부모가 자신을 놔두고 사라졌던 기억이었다. E의 기억 속에서, 어린 E가 장난감을 사달라고 조르자 부모는 "자꾸 떼쓰면 가버릴 거야!"라고 한 뒤 사라졌다. 혼자서 장난감을 갖고 놀던 E는 부모가 사라진 쪽을 살피다 부모가 정말로 떠난 것을 알고 울었다. 부모는 그런 E를 멀리서 지켜보면서 한참을 나타나지 않았다. E가 최초로 기억하는 감정은 버려졌다는 느낌이었고, 그 경험은 이후 분리불안을 야기했다.

분리불안은 상대와 헤어지더라도 다시 만날 수 있다는 믿음을 갖지 못하기 때문에 생긴다. 안정애착을 형성한 아이들은 유치원에 갈 때, 부모와 헤어지는 것은 잠깐일 뿐 반나절이 지나면 다시 만날 수 있다는 사실을 알고 있다. 하지만 사랑하는 대상이 영원히 자신의 곁에 있어줄 거란 믿음이 없는 경우, 아이들은 양육자와 분리되는 것을 힘들어한다. 지금 헤어지면 언제 만날지 알 수 없으니 마냥 두려워하는 것이다.

처음 유치원에 갈 때 분리불안 증세를 보이는 경우, 유치원에 갔다가 돌아와서 다시 부모를 만나는 생활에 익숙해지면 자연스레 분리불안에서 벗어나게 된다. 하지만 다시 만나는 것에 대한 건강한 믿음을 형성하지 못한 경우 성인이 되었을 때도 분리불안을 느낄 수 있다. E의 경우 부모에게 유기당했던 최초기억이 분리불안을 야기했고, 성인이 되어서는 연애 상대에게 버림받는 두려움에 시달렸다. 두려움은 결국 상대에게 병적으로 집착하는 의존적 성격을 낳았다.

E의 가장 핵심적인 문제는 의존성이었다. 사랑할 대상 없이는 살 수 없다고 느끼는 과도한 두려움의 밑에는 의존적 욕구가 있었다. 잘못된 대상에 의존하고 있는 모습도 병리적인 애착을 보여준다. 멀리 떨어져 있으며 아무런 안정감도 주지 못하는 사람임에도 정서적으로 과도하게 의존하고 있었다.

이런 사람들은 사랑받는 것이 중요하기 때문에 타인을 먼저 사랑하지 못한다. 타인을 사랑할 마음도 없으면서 그 사람이 나를 사랑해주길 원한다. 결코 자신을 행복하게 해줄 수 없는 타인 때문에 끊임없이 좌절하는 삶이 계속된다. 타인의 특정한 면에 끊임없이 실망하고 화를 내고 돌아선다.

단지 연인 사이에만 해당하는 이야기는 아니다. 이들은 인연을 맺는 모든 타인에게 이런 식으로 행동한다. 타인에게 사랑받는 것에만 급급하며 내가 줘야 할 것에 대해서는 생각하지 못한다. 오로지 내가 받을 것, 받아야 할 것, 받지 못한 것만 생각하기 때문에 상대방도 사랑이 필요하다는 것, 사랑받아야 할 존재라는 것을 모른다.

의존적인 성격은 평생 연애할 대상을 찾아다닌다. 끊임없이 의존할 대상을 찾는 것이다. 그리고 그 대상과 분리되지 않기 위해 필사적으로 노력한다. 연인의 일거수일투족에 기분이 천당과 지옥을 오르락내리락한다. 상대의 행동에 따라 나의 안위가 달라지는 삶이야말로 통제권을 잃은 위태로운 삶이다.

때로 이 의존성은 독립적 욕구라는 반동 형성(억압된 욕구가 반대 행동으로 나타나는 것)으로 나타날 수도 있다. 눈에 보이는 대상들이 의존할 만한 인물이라는 판단이 들지 않을 때는 아예 과도하게 독립적인 행태를 보이기도 한다. 물론 그 판단은 아주 주관적이고 개인적이다. 타인이 보기에는 아주 부적절한 대상에 집착하고 의존하는 경우도 많다는 뜻이다.

의존적 욕구가 있는 사람은 상대에게 의존할 수 있는 대상이 되어줌으로써 자기가치감을 유지하는 사람을 만나기 쉽다. 이 경우에 서로가 상대를 통해서 욕구를 채운다. 한쪽은 "나를 위해 뭔가를 해줘", "나에게 모두 제시해줘", "나를 이끌어줘"라고 요구하는 의존성으로, 다른 쪽은 "그래, 너를 위해 내가 뭐든 알아서 해주마", "내가 널 거둬야지"라는 의존성으로 견고하게 묶여 있는 것이다.

의존의 대상이 되어주는 사람조차도, 사실 '다른 사람에게 필요한 사람'이라는 자신의 정체성을 유지하기 위해서는 상대가 필요하다. 의도가 섞인 불순한 의존이 아닌 무의식적 의존 역시 자신을 파괴하는 무시무시한 도구가 될 수 있다. 사소한 거리감을 참을 수 없어 그 잠깐을 대체할 누군가를 항상 찾아 헤매야만 하고, 연애를 하지 않는 공백을 견디지 못한다. 자신을 안심시켜줄 확실한 사랑이 늘 필요한 것이다. 그러나 평생 반복적으로, 기계적으로 사랑을 확인해줄 타인은 어디에도 존재하지 않는다. 의존성의 허기는 영원히 채워지지 않기 때문이다.

앞에서도 언급했지만 대상 항상성을 획득한다는 것은 대상이 눈에 안 보여도 그곳에 있음을 안다는 뜻이다. 잠깐 눈에 보이지 않아도 다시 만날 것을 알고 있으면 혼자 있는 시간에 과도한 불안감을 느끼지 않는다. 무언가가 영원히 존재하고 지속될 거라는 확신이 없을 때는 혼자 있는 시간을 견디기 힘들다.

모든 행복이 불확실해 보일 때 우리는 현재의 행복에 집착하고 의존한다. 행복한 순간에도 이것이 언제 나를 떠날지 몰라 온전히 행복을 누릴 수가 없는 것이다. 지금 당장의 행복을 붙들어야만 하고, 현재에 더욱 집착하고, 모두 다 사라질까 봐 불안해한다. 그것이 곧 의존성이고 분리불안이다.

이와 달리 세상에 대한 안정된 믿음을 형성한 사람들의 생각은 이렇다.

"사랑은 어디에 가지 않는다.

눈에 안 보여도 행복은 있다.

나는 안전하고 세상은 확실한 곳이다."

사랑하는 사람과 가까이 있고 싶어 하는 것은 인간의 당연한 욕구다. 사랑하는 사람에게 의존하고 의지하고자 하는 욕구도 자연스럽다. 인간은 애착 대상을 통해서 안정감을 얻게 되어 있고 혼자서는 살 수 없는 존재다. 적절한 의존 욕구를 무시하고 각자의 일만을 추구하며 과도하게 독립성을 강조하거나 거리를 두는 관계 역시 사랑의 제 기능을 잃어버린 관계다.

다만 정상적인 일상을 영위할 수 없을 정도로 상대에게 의존하는 사랑을 하고 있다면, 사랑과 의존을 구분할 필요가 있다. 언제나 사랑하는 사람에게 떠나지 않을 거라는 믿음을 주는 안정적인 사람을 만나면서, 서로 아끼고 배려하고 사랑할 수 있다면 분리될 때의 고통도 경감될 것이다.

사랑받고 싶은 욕구는
정당하다

사랑하는 사람과 떨어질 때 약간의 불안과 스트레스를 느끼는 것은 인간의 본능적인 반응이다. 하지만 때로 사람들은 자신이 느끼는 불안을 수치스럽게 생각한다. 연인을 자주 만나지 못하거나 연락이 되지 않을 때 솔직하게 서운하다고 말하지 못하는 모습들을 보면 알 수 있다. 자존심이 상한다거나, 상대가 나를 무시할지도 모른다는 두려움 때문에 불안한 감정을 솔직하게 표현하지 못하는 것이다.

어쩌면 과도한 독립성을 강조하는 사회 풍조 때문인지도 모르겠다. 인간의 자연스러운 애착 욕구를 무시하고 독립적인 인간이 되어야만 한다고 외치는 모습들이 흔하다. 사랑을 받고 싶어 하는 인간의 자연스러운 욕구가 마치 부끄러운 일인 양 생각된다. '나 사랑받고 싶어', '나를 사랑해주는 사람을 만나고 싶어'라는 말을 하는 것이 왠지 자존심 상하게 느껴지는가? 혼자서도 얼마든지 잘 살 것이고, 아무도 만나고 싶지 않다고 말해야만 멋있어 보이는가? 독립적으로 기능하는 것은 건강한 성인이라는 증거지만 사랑하고 사랑받고 싶은, 누군가에게 기대고 의존하고 싶은 욕구조차 잘못되었다고 볼 수는 없다.

사랑하는 사람과 분리될 때 어느 정도의 불안을 느끼는 현상은 자연스럽다. 부모에게 무관심해 보이는 어린아이들도 애착 대상인 부모와 떨어질 때 스트레스 반응이 나타난다. 단지 겉으로 아무렇지 않은 척하는 것일 뿐 사실은 고통을 느끼고 있다. 사랑하는 사람과 떨어질 때 불안하고 초조해지는 것이 인간의 본능적인 반응이라는 뜻이다.

다만 내면의 안정감이 없는 사람은 사랑하는 사람과 분리될 때 극도의 고통을 느낀다. 이들에게 안정감은 사랑하는 사람이 곁에 있어야만 조건적으로 획득된다. 안정감을 느끼기 위해 사랑하는 사람의 옆에 머무는 데 모든 에너지를 쓰기 때문에 외부 세상을 탐색할 에너지는 남아 있지 않다. 관계에 대한 믿음이 있다면 분리되는 것이 고통스럽지 않다. 어느 곳에 있더라도 사랑이 안정적으로 유지될 것이라는 믿음이 내면화되어 있기 때문이다.

분리될 때 불안한 감정을 느낀다고 나약한 사람이라는 뜻은 아니다. 그런 감정을 표현하는 게 왠지 자존심이 상한다고 생각했다면, 인간의 자연스러운 감정 반응을 오해한 것이다. 서운한 감정이 들어서 괜히 쿨한 척 멀어지고 싶을 때, 그냥 솔직하게 서운하다고 말해도 괜찮다. 솔직하게 감정을 표현해보면 걱정했던 것만큼 두려운 일이 생기지는 않는다는 사실을 알게 될 수도 있다. 오히려 퉁명스러움, 무심한 척, 거리 두기 등 비언어적인 감정 표현으로 상대를 괴롭힐 때보다 훨씬 따뜻한 다독임이 돌아올지도 모른다. 언제나 솔직함은 의사소통의 가장 큰 무기이기 때문이다.

신에 대한 당신의 감정이
드러내는 것

'신'이라는 단어를 볼 때 어떤 감정이 드는가? 유신론자든

무신론자든 인간은 살아가며 자연스레 신에 대한 자신만의 관념과 감정을 형성하게 된다. 대부분의 사람들에게 신이라는 단어는 복잡한 감정을 불러일으킨다.

무신론자라면 '신이 존재한다면 세상이 이럴 리 없다'는 불신 혹은 '신은 나를 버린 것 같다'는 원망을 가지고 있거나, 신이 절대 존재할 수 없는 이유에 대해 과학적인 검토를 끝냈을 수도 있다. 유신론자의 경우에는 조금 복잡하다. 우리 자신에 대한 우리의 믿음이 전부 진실은 아니었던 것처럼, 신에 대해서도 같을 수 있기 때문이다.

'신은 항상 우리의 행복을 바란다'는 이야기를 듣고 자란 유신론자의 경우에도 실제로는 다른 믿음을 가질 수 있다. 신은 선한 의도를 갖고 있다고 믿으려 애를 쓰지만, 인생이 수렁에 빠졌을 때는 반사적으로 이렇게 생각하는 것이다.

'사랑한다면서 왜 나를 고통에 빠뜨리지?'

반복된 경험을 통해서 신의 선의를 진심으로 믿을 수 있게 된 경우를 제외하고는, 유신론자조차도 신에 대한 양가감정에 시달릴 수 있다. 신에 대해 불경한 생각을 하면 안 된다는 것을 알기 때문에 의식적으로 원망을 하지는 않지만, 어려움에 처했을 때 문득문득 무의식적으로 진심이 튀어나오곤 하는 것이다.

무신론자 F는 신의 존재를 과학적으로 증명할 수 없다고 생각했다. 때때로 힘든 일을 겪을 때 신에게 기도해본 적은 있지만, 한 번도 응답을 받은 적은 없다고 느꼈다. F는 나약한 인간들이 스스로를 위로하기 위해 신을 만들었다고 믿었지만, 어떨 때는 진심으로 신이 존재해서 자신을 구원해주었으면 하고 바랐다. 매번 속았다고 느끼면서도 어쩔 수 없이 신이라는 대상에게 기도했다. 그리고 어느 날은 이렇게 느꼈다.

'신이라는 게 존재한다고 해도, 신조차 나를 완전히 사랑하지는 않는다. 사랑한다면 이렇게 내버려둘 리가 없기 때문이다.'

어느 날 F는 꿈을 꿨다. F의 엄마가 F의 방의 벽지를 모두 빨간색으로 바꿔버렸다. F는 "왜 이 중요한 걸 내게는 물어보지도 않고 바꿨어!"라고 분개했다. 꿈에서 깬 후 F는 엄마에게 느낀 감정이 신에 대해 평소 느끼던 감정과 같다는 것을 깨달았다. 평소 원하지 않는 일이 일어났을 때 "모든 게 하느님의 뜻이다, 그것이 너에게 가장 좋은 길이다."라는 종교인들의 얘기를 듣고는 이런 생각을 했다.

'나는 원하지도 않는데 지레짐작으로 그게 나한테 좋을 거라고 생각해서, 왜 내 의사는 물어보지도 않고 내 인생을 좌지우지하는 거야? 내게 가장 좋은 길이 뭔지 왜 신이 정하지?'

신에 대한 믿음은 곧 자기 부모에 대한 믿음일 수 있다. 인간의 첫 번째 세상은 부모다. 부모는 아이에게 곧 신이다. F의 경우, '사랑한다면 나를 이렇게 내버려둘 리 없다'는 생각은 주 양육자인 엄마에 대한 감정이었다. F의 엄마는 F가 우울할 때 관심을 보이지 않았다. 다른 사람의 감정에 관심을 보일 에너지가 없는 사람이었다. 고통에 빠져 믿지도 않는 신에게 기도할 때, '신이 나를 사랑한다면 이렇게 내버려둘 리 없다'고 생각했던 것은 곧 '엄마가 나를 사랑한다면 이렇게 내버려둘 리 없다'고 말한 것이었다. F가 신을 믿지 못한 이유는 엄마를 믿지 못했기 때문일 수도 있었다.

언제나 우리의 방어기제는 우리가 불경한 생각을 못 하도록 안전하게 보호하고 있다는 사실을 상기할 필요가 있다. 무신론자의 경우에는 신에 대해 좀 더 두려움 없이 원망할 수 있겠지만, 유신론자는 속으로 신을 원망하면서도 혹시나 벌을 받을까 봐 겉으로는 신에 대해 좋은 감정을 유지하는 척 스스로를 속일 수 있다.

우리의 신에 대한 관념은 어떤가? 내가 잘못하면 나를 지옥으로 빠뜨리는 신인가? 내가 다른 사람을 더 사랑하면 내게 질투심을 느끼는 신인가? 아니면 어떤 경우에도 내게 무한한 사랑을 베풀어주는 신인가? 그러한 관념은 언제부터 시작되었고, 어디에서 왔는가? 정말로 당신이 믿는 것이 신의 진실인가?

내가 혐오하는 것은
나인가, 타인인가

신에 대한 믿음의 깊은 곳에는 부모에 대한 믿음이 있는 것처럼, 타인을 향한 강렬한 감정 속에는 나 자신의 싫은 모습을 향한 감정이 숨어 있다. 앞에서 다루었던 투사의 문제다. G의 이야기를 들어보자.

G의 문제는 다른 사람에게 자신을 솔직하게 드러내지 못한다는 것이었다. G는 사회생활을 할 때 감정 표현을 극도로 자제했다. 누구나 기분이 나쁘고, 좌절을 느낄 만한 상황에서도 G는 거의 동요하지 않았다. 동료들은 G를 아주 강인하고 의지할 만한 사람이라고 평가했다. G는 감정 표현을 하면 마치 스스로가 나약하다고 고백하는 것처럼 느꼈다. 심지어 나약함을 들키면 가치 없는 사람으로 전락할까 봐 두려워했다.

G는 학창시절에 시험공부를 안 했다고 큰 소리로 호들갑을 떠는 아이들이 유독 싫었다고 말했다. G는 스스로 만족할 만큼 공부를 하지 않았다고 느끼면서도 아무 말도 하지 않았다. 싫어하는 아이들과 같은 사람이 되기 싫어서 굳이 "나도 공부 많이 안 했다"고 말하지 않았다. G에겐 호들갑을 떨던 아이들이 위선자처럼 보였다. 그리고 그 아이들이 왜 그토록 싫었는지 알지 못했다.

어느 날 G는 문득 깨달았다. 자신이 위선자였다는 것을 말이다. 학창시절에 언제나 속으로는 곪아터지면서 겉으로는 아무 일 없는 척 꿋꿋이 버텼다. G는 그런 스스로를 위선자라고 느끼고 있었다. 위선자 같은 타인을 싫어하는 것은 곧 투사였다. 타인의 위선에 대한 혐오가 곧 자신의 위선에 대한 혐오였다. 타인과 나의 행위에는 위선이라는 연결고리가 있었다. 당신이 진실로 혐오하는 것은 타인인가, 아니면 당신 자신인가?

감정을 표현했을 때 충분히 수용받은 사람은 감정 표현을 두려워하지 않는다. 또한 감정을 나약함과 연관 짓지도 않는다. G는 어릴 때 짜증이 많은 아이였고, 부모는 G가 짜증을 낼 때마다 "넌 참 별나다."라는 말을 자주 했다. G는 감정을 표현하는 것이 잘못된 일이라고 믿게 됐다. 자주 그런 표현을 듣고 자라면서 자기표현을 하지 않는 쪽으로 위축됐던 것이다.

중독된 감정이 주는
이득 인식하기

H는 자주 우울했다. H의 엄마는 타인의 기분 변화를 잘 알아차리는 사람이었다. H의 기분이 처져 보이면 엄마는 어김없이 다정하게 물었다. "무슨 일 있었어?" 하지만 H가 기분 좋은 일이 있어 들뜬 모습을 보일 때 엄마는 짜증스럽게 응대하곤 했다. 엄마는 H의 기분이 나쁠 때는 신경 써서 H의 비위를 맞춰주곤 했지만 H의 기분이 좋을 때는 평소 기분대로 행동했다. H는 기분이 좋다가

도 엄마 앞에서는 일부러 우울한 표정을 짓곤 했다. 그래야만 엄마가 관심을 갖고 돌아봐 주기 때문이었다. 아파야만 사랑을 받기 때문에 자꾸 아프고 싶어 했던 것이다.

감정이 어떤 이득을 주는 경우가 있다. 무기력에서 벗어나고 싶다고 생각할 때도 사실은 그 상황을 계속 유지하고 싶은 무의식적 이유가 있을 수 있다. 이를테면 무기력함은 '아무것도 안 해도 된다'는 면죄부를 준다. 질병도 마찬가지다. 환자 행세를 하는 동안 주어지는 이득이 있기 때문에 아프기를 선택한 것일 수 있다. 아프면 의무를 회피해도 된다는 면죄부가 생긴다. 또한 아무것도 안 하고 쉬어도 괜찮은 충분한 이유가 된다. 게다가 질병은 다른 사람의 관심을 유발한다. 타인의 관심, 애정이라는 부차적인 이득을 획득하기 위해 오랫동안 아픈 상황을 고집하는 것일 수 있다. 백수 생활로 인한 이득이라면 안락함, 책임 회피, 게으름과 무기력에 대한 면죄부 등이 있을 수 있다. 백수 생활을 벗어나고 싶다고 믿고 있더라도, 무의식은 영원히 백수이고 싶다고 생각하고 있을 수 있다. 의식적으로 믿는 것과 무의식적으로 원하는 것은 다르다는 사실을 기억하라. 의식은 '그렇게 믿어야 한다'고 생각하는 일일 뿐이고, 우리의 진실은 무의식에 기반을 두고 있다.

왜 변화하지 않는가? 결국 변화하지 않기를 원하기 때문일 수 있다는 것이다. 지금의 상황을 사실은 좋아하고 있어서일 수도, 아니면 변화로 인한 변화가 두려워서일 수도 있다. 두 가지는 결국 같은 것이기도 하다. 백수 생활로 인한 안락함을 사실은 좋아하고 있다면, 직업을 구했을 때의 자유 박탈을 두려워하고 있음을 의미한다. 변화를 원한다고 의식적으로 말하고 있지만, 사실은 변화를 두려워하고 있다.

많은 사람들이 자신의 삶이 눈부시게 변화하기를 바라고, 스스로 변화를 원한다고 믿고 있지만 사실은 여러 가지 이유로 변화를 밀어내고 있는 경우가 많다. 왜 내 인생이 눈부시게 변화하지 않느냐고 원망하기 전에 나는 변화로 인한 내 삶의 변화를 받아들일 준비가 되어 있는지, 스스로에게 물어볼 일이다. 내가 집착하고 있는 현재 상태의 조건과, 받아들이기를 거부하는 변화된 상태의 조건들을 구분해보는 것이다.

내 결정을 온전히
책임지는 삶

선택은 반드시 두 가지 중 하나의 결과로 귀결된다. 자신의 결정에 만족하거나, 만족하지 못하거나. 선택이라는 것은 반드시 존재하는 '실패할 확률'을 받아들이는 일이다. 선택지가 늘어날수록 선택하지 않은 것에 대해 아쉬움을 느낄 확률이 더 크다. 결정이 어려운 이유는 결과에 대한 책임을 지는 것이 두렵기 때문이다.

결국은 실패든 성공이든 모든 결과를 내 책임으로 받아들일 자신이 있는가, 나는 그럴 준비가 되어 있는가가 결정의 근거가 되어야한다. 다른 사람의 조언에 의지하면 안락할지 모르나 결과에 대한책임이 분산된다. 내가 어떤 결과도 내 책임으로 받아들일 수 있는사람인지, 실패하더라도 남 탓을 하지 않을 수 있는 사람인지는 스스로 가장 잘 안다. 통찰력이 있는 타인이 해답을 알 거라고 믿고 조언을 구했을 때, 실패한다면 누구를 탓할 것인가? 결정을 타인에게맡기는 것은 결국 결과에 대한 책임을 지지 않겠다는 의사표현이다.

내 인생을 스스로 책임지겠다고 마음먹어야 한다. 설사 내가 원하는 일이 이루어지지 않는다고 하더라도, 그 결과를 받아들일 수있는가? 결과의 자리가 어떤 모습이든 담담하게 살아갈 자신이 있는가? 내가 그럴 수 있는 사람인지 스스로에게 물어보고 결정을 내려야 한다. 가장 최악의 결과가 나타나더라도 누구도 원망하지 않고, 내 책임이었음을 인정하고 계속 살아갈 수 있다면 하겠다고 결정을 내려도 괜찮다.

하지만 스스로 모두 다 책임질 자신이 없다면, 누구라도 원망하고 싶어질 것 같다면 그냥 살던 대로 살아야 한다. 내 인생을 책임질 수 있는 건 오로지 나뿐이다. 책임을 진다는 건 좋은 일이 생겼을 때만 받아들이는 것이 아니라, 인생의 불확실성을 인정하고 그어떤 결과가 왔을 때도 거기서 다시 시작할 힘이 스스로에게 있음을 믿는 것이다.

해답은 결국 본인이 찾아야 한다. 결정을 떠넘기거나 "어떻게 하

면 좋을까요?"라고 묻는 건 결정을 맡기는 행위다. 타인의 의견을 참고할 수는 있지만 결정적인 결론으로 삼을 필요는 없다. "어떻게 하는 게 행복할까요?", "이렇게 하면 성공할까요?"라고 누군가에게 물어보고 싶은 마음이 당연히 있을 수 있다. 하지만 누구도 그 결정의 결과까지 점칠 수는 없다. 성공할 수도 있고 실패할 수도 있다. 그것은 아무도 모른다.

남을 탓하는 피해자가 되지 않는 삶

궁극적으로는 그 어떤 경우에도 타인을 탓하지 않는 삶을 사는 것이 우리의 목적이다. 인생의 모든 순간 끊임없이 스스로 책임지기로 결심하는 것이다. 어떤 결과라도 받아들여야 한다. 결과에 대한 받아들임이 없으면 그 어떤 일도 시작할 수 없다. 내가 원치 않았어도, 모르고 일어난 일이더라도 진심으로 책임을 받아들이는 것이 우리가 할 일이다.

누군가에게 애정을 준다는 건 상처받기 쉬운 일인가? 기대하기 때문에 실망하기 쉬운가? 설사 그게 진실이라고 하더라도 나는 관계의 모든 측면을 있는 그대로 받아들일 수 있는가? 똑바로 바라볼 수 있는가? 상처를 받더라도 누군가를 있는 그대로 사랑할 자신이 있는가?

우리는 많은 순간, 자신을 속수무책으로 당하는 피해자로 여긴
다. 사람들은 자기도 모르는 사이에 스스로를 피해자로 느끼는 게
임에 중독되어 있다. 운전을 할 때 끼어든 사람 때문에 기분이 나빠
졌다면, 그 순간 보편적인 인간의 반응은 '저 사람이 내게 그런 짓
을 했다'이다. 그것이 곧 피해자 마인드다. 나는 교통법규를 잘 지켜
운전을 했는데 저 사람이 몰상식하게 끼어들어 내 생명을 위협하고
기분까지 망쳐버렸다. 이런 판단은 내 삶의 모든 영역을 쥐고 흔들
권한을 타인에게 넘겨줘 버린다.

다른 일도 마찬가지다. 마음에 안 드는 동료나 가족 구성원이 있
다. 나는 제발 평화롭게 살고 싶은데 나랑 잘 맞지 않는 그 사람은
사사건건 내 앞길을 막는다. 이런 생각도 역시 내 기분을 좌우할 권
한을 타인에게 아예 넘겨줘 버린 것이다.

굳이 편집증적인 성향을 갖고 있는 사람이 아니더라도, 우리 대
부분은 무슨 기분 나쁜 일이 생기면 자연스레 남 탓을 한다. 하지
만 피해자가 되지 않는 유일한 방법, 어떤 경우에도 남 때문에 '기
분을 잡치지 않는' 유일한 방법은 일어나는 모든 일에 스스로 그리
고 전적으로 책임지는 것이다.

우리의 무의식에 얼마나 많은 생각들이 뒤죽박죽 반죽이 되어 잠
들어 있는지 우리는 다 알지 못한다. 어떤 일에 분노와 같이 격렬한
반응을 한다는 것은 내 안에 그런 문제가 숨겨져 있다는 뜻이다. 모
든 사람들이 같은 일에 똑같이 반응하지 않는다는 사실을 생각해보

면 잘 알 수 있다.

어떤 사람이 유독 싫을 때, 누군가는 똑같은 사람에 대해서 아무런 감정도 느끼지 않을 수 있다. 그 사람의 존재는 객관적인 상황일 뿐이고, 그 조건이 좋은지 나쁜지 결론을 내리는 것은 결국 내 마음이다. 판단의 근거는 내 마음속에 있는 것이다. 팀 작업을 할 때 태평해 보이는 사람에게 유독 화가 나는가? 당신을 격분하게 하는 그 사람이 누군가에겐 아무런 감정의 동요도 주지 못한다. 그 경우 문제는 태평한 그 사람의 존재 자체인가, 아니면 그것이 나쁘다는 당신의 판단인가.

중립적인 상황들은 넘쳐난다. 세상의 모든 일이 그 자체로는 중립적이다. 그 일 때문에 기분이 나빠지기로 결정하고 판단하는 것은 개인의 마음이다. 수입이 없는 상태 등 대체로 모든 사람들이 나쁘게 느끼는 상황이 있는가 하면 사람들의 반응이 천차만별인 상황도 많다. 어떤 사람은 화를 주체할 수 없어 격분하는 일이 어떤 사람에게는 아무 문제도 아닌 일이 된다.

모든 순간, 내 앞에 벌어지는 상황 자체는 중립적임을 상기할 필요가 있다. 그 상황은 내 안에 어떤 문제가 있는지를 비춰주는 거울일 뿐이다. 그 상황에 유독 크게 반응한다면 당신 안에 그러한 문제가 있다는 뜻이다.

과거로부터 독립적인
인간이 되기

인간은 외부 상황이 아닌 내면 반응에 대해서만 선택권을 가지고 있다. 우리 마음대로 외부 상황을 조작하는 데는 한계가 있지만, 상황을 어떻게 받아들일지는 우리에게 달렸다. 아마 우리가 경험하는 모든 상황에서 이전과 다르게 반응할 수만 있다면, 우리는 인생의 같은 패턴에 매여 있지 않을 것이다.

가족 내에 늘 사소한 문제로 싸움이 끊이지 않을 때, 지금까지는 이해할 수 없는 가족의 행태에 화를 내는 반응을 보였을 것이다. 그런 반응은 연쇄적으로 상대의 화를 유발하고, 매번 똑같은 싸움으로 끝을 맺게 만든다. 하지만 상대의 행동에 화를 내지 않을 수 있다면 결과는 다른 쪽으로 선회하게 된다. 특정인과의 지긋지긋한 다툼, 매번 도전해도 실패하는 일 등 같은 상황에서 다른 반응을 의식적으로 선택하는 것을 연습하면 당연히 결과는 달라진다. 이 사실을 알면서도 우리가 달리 반응하는 데 실패하는 이유는 과거에 매여 있기 때문이다.

예를 들어 가족이 어떤 행동을 했을 때 더 이상 화를 내지 않기로 결심을 했더라도, 가족이 막상 그 행동을 하면 어김없이 본능적으로 화를 내게 된다. 가족의 행동이 촉발 요인으로 작용해 본능적으로 내 감정 반응을 불러일으키는 것이다. 이때는 '아, 저 사람이 또 저런 행동을 하는구나. 하지만 나는 이제부터 화를 내지 않기로 결심했으니 화를 내지 말아야지'라는 의식적인 사고가 끼어들 여지가 없다. 가족의 특정 행동과 나 자신의 감정은 조건반사적으로 연합되어 의식할 수 없을 만큼 빠른 속도로 작동하기 때문이다. 이때 그 특정 행동에 대한 평가는 무의식적으로 이뤄진다.

J의 경우 냉장고에서 시든 채소를 발견할 때마다 재료를 방치해 둔 배우자에게 짜증을 참을 수 없었다. 매번 배우자에게 짜증을 내게 되고, 사이가 나빠지는 걸 알면서도 화를 참을 수 없었다. 이때 냉장고에 시든 채소가 있다는 것은 그 자체로 중립적인 상황일 뿐이다. 그것이 나쁘다는 판단은 J 개인의 반응일 뿐이다.

상황 자체는 아무런 감정가를 가지고 있지 않다. 모든 사람이 냉장고에서 시든 채소를 발견할 때 짜증이 치미는 것은 아니다. 어떤 사람은 일말의 감정 동요도 없이 지나갈 것이다. 채소가 시들기 전에 요리하자고 제안하거나, 이미 시들었다면 조용히 치워버릴 수도 있을 것이다. 냉장고에 시든 채소가 있는데 왜 배우자에게 화를 내는지 이해할 수 없는 사람도 많다는 것이다.

특정 상황이 짜증을 유발하는 것은 무의식적인 과정이다. J는 이 짜증이 합리적인가, 아닌가를 판단할 여유 없이 본능적으로 짜증을 느꼈다. 우리가 지금까지 이야기해온 것처럼, 이렇게 무의식적인 감정 반응은 보통 개인의 과거와 관련이 있다. J의 경우에는 냉장고에 있는 시든 채소가 '자신을 꼼꼼하게 돌보지 못하는 무심한 엄마'를 상기시키는 자극이었다. 그러므로 일상생활에서 무심한 엄마를 상기시키는 자극을 만날 때면 어김없이 화를 내게 되었다. 싱크대 위에 음식 얼룩이 말라붙어 있을 때처럼 비슷한 감정을 불러일으키는 상황들은 다양하다.

대부분의 경우가 이와 비슷하다. 어떤 상황에서 극도로 화가 난다면 그 상황 자체보다는 계속 반복되고 있는 과거의 행태 때문에 더 화가 날 가능성이 크다. '당신은 항상 이런 식이다'라는 생각이 화를 유발하는 것이다. 이렇게 과거에 얽힌 무의식적인 감정들 때문에 본능적으로 생겨나는 감정 반응을 조절하기란 쉽지 않다. '오늘은 화를 안 내야지'라고 다짐을 하지만 버럭 화를 내버리고 나서야 그 결심을 떠올리기 일쑤라는 것이다.

상황을 변화시키고 싶다면 과거의 역사와 독립적인 반응을 선택해야 한다. 우리가 느끼는 모든 감정은 과거 느낌의 반복이다. 우리는 깨어 있어야 한다. 지금껏 무의식적으로 선택했던 반응들을 의식적으로 자각하라는 뜻이다. 자신이 무의식적인 조건반사로 인해 화가 났음을 알아차리고 감정 반응을 조금씩 늦추는 것이다. 화가 날 때 10초만 멈춰서 생각해보라는 조언도 이런 데서 비롯되었다고 볼 수 있다.

잠시 멈춘 그 시간 동안 나 스스로가 과거와 똑같은 반응을 선택할 것인지 말 것인지의 기로에 있다는 사실을 자각해야 한다. 또한 그 상황에서 분노를 느끼는 것은 개인의 역사와 관련되어 있음을 자각한다. 누구에게나 마땅히 화가 날 만한 상황이 아니라는 것을 의식하는 것이다. 그리고 이때 화를 낸다면 여전히 과거가 자신에게 피해를 입히도록 선택하는 것임을 자각한다.

지긋지긋한 과거에 얽매인 사람의 선택을 할 것인가, 아니면 아무런 과거도 없는 홀가분한 사람의 선택을 할 것인가는 개인에게 달렸다. 과거의 희생양이 될 것인가, 과거와는 독립적인 새로운 인생을 만들어갈 것인가? 각각의 길을 선택할 기회는 일상생활에서 끊임없이 주어진다. 순간순간의 선택에서 깨어 있을 때 우리는 아주 조금씩 자신의 본능적인 감정 반응을 늦춰갈 수 있다.

그 어떤 일에도 남 탓을 하지 않고, 스스로 피해자로 느끼지 않기로 결심할 수 있겠는가? 반드시 완벽히 내 삶의 주도권과 창조권을 갖는 경지에 이르겠다고 결심하라. 남 탓을 하는 마음이 올라오는 모든 순간 알아차려야 한다. 그렇게 하기 위해, 우리는 깨어 있어야 한다.

싫은 것을 피하는 것이
유일한 목적인 삶

세상 전부가 다 싫다고 말하는 사람들이 있다. 이 사람도 싫고 저 사람도 싫으며, 이 일도 바보 같고 저 일도 바보 같다고 느끼는 사람들. 그들은 삶의 전반에 꽤 통찰력이 있는 편이다. 어떤 일이 대체로 어떤 식으로 진행될지 처음부터 꿰뚫어본다.

그렇기 때문에 그들은 어떤 일에도 참여하지 않는다. 바보 같은 저녁 모임에는 나가지 않고, 어중이떠중이들이 모여 어색하고 의미 없는 시간만을 보낼 것이 분명한 동창회에도 나가지 않는다. 그들은 그런 모임들이 얼마나 교훈도 의미도 없이 끝날지 알고 있는데다, 인생의 모든 일들이 그런 식으로 진행될 것을 알고 있어서 어떤 새로운 경험에도 참여하지 않는다. 일을 할 때도 귀찮은 논쟁이 일어나지 않도록 철저하게 방어해서 상대방이 트집을 잡을 수 없도록 만들고, 상처받을 일을 미연에 방지하기 위해 무엇에도 애착을 주지 않는다. 불편한 모든 일을 회피하고 삶의 정수로 들어가지 않는 것이다.

실제로 그들이 생각하는 대로 모든 일은 바보 같고 의미 없이 끝날 확률이 크다. 그들의 비관적인 인식이 곧 세상에 대한 정확한 통찰이라서 그들은 믿는 대로의 세상을 경험하기 쉽다. 그로 인해 그들의 회피는 강화된다. 이것은 이래서 싫고, 저것은 저래서 싫다는 생각이 단지 비관주의가 아니라, 정확한 현실 인식이었다는 게 밝혀지면 당연히 회피적인 태도는 고착화될 수밖에 없다. 삶이 어떤 식인지 다 알고 있기 때문에 어떤 것도 굳이 경험해서 고통받을 필요가 없다고 느끼는 것이다.

어떤 사람들은 트라우마가 있어서 삶에 어떤 새로운 경험도 들어올 수 없도록 마음의 문을 닫기도 한다. 그런 삶은 어느 정도의 안락감을 줄 것이다. 하지만 어떤 것을 회피하는 데서 오는 스트레스도 있다. 통제감 획득으로 인한 행복과 정반대의 감정이다. 질기도록 회피하고 나면 결국 남는 건 할 줄 아는 게 없다는, 난 왜 이 나이 먹도록 계속 이런 모양으로 살고 있느냐는 자기혐오뿐일지도 모른다.

그런데 그것이 정말 문제인가? 회피하는 삶의 방식을 고수하면서 안락감을 느끼는 사람들은 그냥 이렇게 사는 것이 좋다고 말할 것이다. 확장되지 않아도 좋으니 무엇에도 상처받지 않고 살고 싶다고. 평생 이런 모습으로 살아도 좋으니 고통받고 싶지 않다고.

하지만 성장은 삶의 정수로 들어갈 때 찾아온다. 그리고 삶의 정수란 곧 인생의 불편한 측면들을 말한다. 인생의 모든 중요한 배움과 가치들은 사실 우리가 회피하는 가장 불편한 측면들에 있다. 자신이 가장 직면하기 싫어하는 것 속에는 가장 해결이 시급한 자신만의 문제가 들어 있다.

자신이 가장 싫어하는 것이 무엇인지 생각해보라. 바보 같은 사람들과 어울리며 억지로 웃어줘야 하는 것, 결국 내 말이 맞는데도 어리석은 사람들과 의미 없는 논쟁을 하며 조율해나가야만 하는 과정, 통하는 부분이 전혀 없을 것이 분명한 사람들과 억지로 얼굴 맞대고 밥을 먹어야 하는 것, 많은 사람들 앞에서 일을 잘 해내지 못하고 창피당하는 것, 혹은 온 마음을 다해 사랑한 연인에게 처참하게 버림받는 것…. 가장 싫어하고 두려워하는 것 속에 당신 인생의 핵심이 들어 있다. 불편한 감정은 부딪혀 해결하지 않으면 영원히 사라지지 않는다. 지금 감정을 피해 모퉁이를 돌아서면 조금 전의 감정을 또 만나게 될 것이다.

회피하는 삶은 확장되지 못한다. 언제나 제자리걸음을 하는 삶과 같다. 그리스 신화 속의 시시포스를 떠올리면 이해하기 쉬울 것이다. 매번 같은 돌을 같은 곳으로 밀어 올려야 하는 삶 말이다. 만약 같은 자리를 맴도는 것이 지긋지긋하다면, 이제부터 해야 할 일은 인생의 가장 불편한 측면에 도전하는 것이다. '삶은 이럴 것이다'라는 통찰이나 추측을 버리고 불편한 일을 견뎌보자. 무엇을 위해 그렇게 해야 하느냐고? 우리가 원하는 '좋은 것들'을 위해서다.

좋은 것들은 언제나 안 좋은 것들과 같이 온다. 사랑은 이별과 같이 오고, 좋은 인간관계는 좋지 않은 인간관계를 견디는 과정에서 불쑥 찾아온다. 새롭고 경이로운 아이디어는 바보 같은 논쟁과 회의 속에서 오기도 한다. 그러니까 늘 제자리걸음을 반복하는 삶을 벗어나기 위해 해야 할 결정은 단 하나다. "인생을 통째로 받아들일 것인가? 아니면 아무것도 받아들이지 않을 것인가?"

행복과 불행, 그 모든 복잡한 감정이 뒤섞인 인생을 통째로 삼킬 것인가, 아니면 모두 회피하며 스스로 지루해서 견딜 수 없는 삶을 살 것인가. 애정의 대가는 행복이 아니라 고통이다. 그 역설적인 사실을 기억하고 받아들일 수 있다면, 무언가에 애착을 갖는 것도 덜 두려울 것이다. 삶과 사랑의 진전에 따르는 모든 부산물들을 견뎌보겠다는 다짐이면 족하다. 회피로 인한 평화는 자기기만이다.

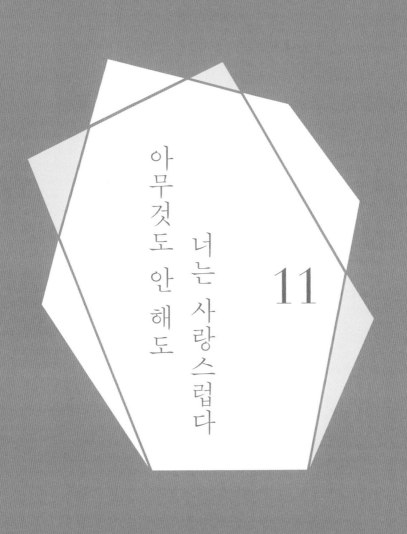

아무것도 안 해도

너는 사랑스럽다

11

인간이 원하는 것은 단 하나,
무조건적인 사랑밖에 없다.

사랑받을 만한
이유는 필요 없다

　내가 사랑받을 만한 이유가 뭐가 있는지 고민되는가? 사랑하기에 앞서 장점만을 찾는 일부터 그만두어야 한다. 사랑받을 만한 게 뭐가 있는지 도무지 생각해낼 수가 없었던가? 외부의 인정이 있어야 나 자신을 사랑할 수 있다면 그것은 조건부다. 나 자신에게 조건부의 사랑을 줄 것인가, 아니면 무조건적으로 사랑할 것인가?

　이유 같은 건 필요가 없다. 무조건적인 사랑이라는 건 사랑받을 이유 자체가 필요 없는 것이다. 그냥 사랑받는 것뿐이다. 그런데 우리는 자꾸만 믿어지지도 않는 이유를 찾아왔다. 그런 이유가 있어야만 사랑받을 수가 있다고 믿었기 때문이다.

　나는 그 어떤 사랑도 받을 자격이 있다. 평생 한결같은 사랑을 받을 자격이 있다. 내가 뭔가를 잘하기 때문이 아니라, 재능이 있기 때문이 아니라 뭔가를 못해도 이유 없이 사랑받을 자격이 있다. 아무 이유 없이 당신은 사랑받아야 한다. 당신은 이유 없이 원하는 인생을 살 자격이 있다. 아무 이유 없이, 아무 조건 없이, 아무것도 갖추지 않고도.

모든 것이 의미 없게 느껴질 때, 정체되었다고 느낄 때, 이유를 알 수 없는 갑갑함을 느낄 때 지금의 내 느낌을 만든 근원사건으로 돌아가 본다. 그때의 나에게 편지를 쓰듯 말을 거는 것이다.

우리 내부에는 누구나 이런저런 상처들로 웅크린 어린아이가 있다. 그 아이는 우리가 자신을 돌아봐주길 바라며 이런저런 감정들로 말을 걸어오고 있다. 제발 좀 알아봐달라고, 돌아봐달라고 말해왔지만 언제나 우리는 그 두드림을 외면했고 무시했다. 어른스럽고 건강한 모습을 하고 있을수록 많은 감정들이 억눌려 있을 수도 있다. 오랜 시간을 혼자 두려움에 떨었던 어린아이에게 조심스럽게 말을 걸어보는 것도 좋다. 그 아이가 가장 두려운 순간에 가장 듣고 싶었던 말을 당신이 해주는 것이다. 삶에서 뭔가에 걸려 넘어졌다고 느낄 때마다, 답답함을 느낄 때마다 내면의 아이와 대화하는 것을 습관으로 만들어보자. 아이가 원하는 건 오로지 자신의 존재를 알아봐주는 것뿐이었다.

누구든 자기만의 방식으로 말을 걸고, 자기만의 편지를 쓸 수 있다. 자신을 위해 충분히 울어주는 이가 없었던 어린아이를 위해 쓰는 편지다. 그 아이가 다양한 모습으로 현재의 삶에 튀어나와 폭주

하고 있다고 해도 이상한 일은 아니다. 슬픔이 남아 있지 않을 때까지 나 자신이 그 아이 옆에 있어주겠다고 다짐해야 한다.

내 마음과
진심으로 화해하기

인간이 살아가며 가장 큰 잘못을 저지르는 대상이 있다면 아마 자기 자신일 것이다. 진심으로 하는 화해가 가장 필요한 대상도 자기 자신이다. 누구보다도 나를 괴롭혀왔던 사람은 자신이다. 자기 사랑에 앞서 나 자신과 먼저 화해를 해야 할 것이다.

자신의 신체와 업적, 성격 등 모든 면에 점수를 매기고, 가치를 저울질하고, 이만큼의 사랑과 성공이 허용될 거라고 믿고 살아온 것은 자기 자신이다. 나 자신을 가장 날카롭게 평가하고 받아주지 않았던 사람이 바로 나 자신이라는 것을 믿을 수 있는가? 왜 나를 이해해주지 않느냐고 타인을 향해 원망해본 적이 누구나 있을 것이다. 그러나 누구보다도 자신을 이해하려고 노력하지 않았던 건 자기 자신이다. 스스로 자신을 다독여줄 수 있다면, 타인의 이해야 아무래도 상관이 없다는 생각이 들기 때문이다.

'내가 나아지면 더 좋은 연인을 만날 수 있고, 더 좋은 직장에 갈 수 있을 거야'라고 믿는 대신, '나는 지금도 얼마든지 좋은 것을 가질 수 있다'고 믿어야 한다. 그러기 위해선 자신의 현재를 받아들일

232

233

줄 알아야 한다. 나는 아직 부족한 점이 있고, 그래서 때로는 연인을 힘들게 할 수도 있다. 나 역시 힘들어질 수도 있다. 하지만 그런 상태에서도 사랑할 자격이 있다고 믿어야 한다. 그게 지금까지 학대해왔던 나 자신에게 줄 수 있는 가장 큰 사랑이다. 이유 없이 자신에게 사랑한다고 말해줄 수 있겠는가?

자신을 통합적으로 받아들이는 좋은 방법 중 하나는 자신의 성격 중 결점이라고 느끼는 부분이 있을 때, 그 성격으로 인해 내가 잘 해낼 수 있었던 일을 생각해보는 것이다. 까다로운 성격이 문제라고 느껴왔다면, 그 성격 덕분에 얼마나 일을 완벽하게 잘 해낼 수 있었는지를 기억해내면 된다. 성격은 당신을 잘 보호해주었다. 당신이 상처받거나 깨어지지 않도록 당신을 잘 지켜왔다. 그 사실을 기억한다면, 부정적으로 느껴졌던 내 성격의 일부분을 받아들이는 일이 쉬워질 것이다.

더불어 외부의 평가, 비난과 상관없이 단단하게 중심을 잡는 사람이 될 수 있다. 타인이 나에 대해 어떻게 생각하는지가 나에게 그 어떤 타격도 주지 못하는 순간이 올 것이다. 만약 상처를 받았더라도 괜찮다. 타인의 말에 상처 입는 나를 내가 다독여줄 수만 있다면 아무 문제가 없다. 나 자신이 나의 확고한 안전지대가 될 수 있다면, 우리는 그 어떤 경우에도 상처받을 수 없다. 나를 화나게 하는 말을 따지고 들어 굳이 타인의 시각을 바로잡을 필요는 없다.

타인의 평가에서 배울 것은 그런 말에 부정적으로 반응하는, 마음속에서는 그 말이 맞는다고 생각하고 있었던 나 자신을 깨닫는 것이다. 스스로 그렇다고 믿지 않는다면 화가 날 리가 없다. 부자에게 가난해 보인다고 한들 화가 나겠는가? 나는 지금 이 선택이 완벽히 옳다고 믿는데 남들이 우려를 표한들 화가 나겠는가? 내가 스스로 궁핍하다고 느끼고, 내가 나의 선택에 불안을 느끼기에 그것을 지적하는 타인의 말에 반응하게 되는 것이다. 그러므로 나를 자극하는 타인의 말이 있다면, 나 스스로 나에 대해 그렇게 생각하고 있었음을 깨달아야 한다.

그동안의 나에게
사과하기

장점만을 사랑하는 것은 소용이 없다. 그러나 대부분의 사람들은 그동안 늘 이렇게밖에 사랑하지 못했다.

'넌 최고야. 너는 아름다워. 넌 이것도 잘하고 저것도 잘하고, 완벽해. 재능도 많고 목소리도 좋고 뜯어보면 다 멋져.'

혹은 이렇다.

'넌 꽤 괜찮아. 뭐 대단히 멋진 외모는 아니지만 그래도 지적인 매

력이 있잖아?'

장점만을 꺼내 닦으며 사랑한다고 끊임없이 말했으니 행복해지지가 않았던 것이다. 그러는 동안 내가 느끼는 나의 결점들은 어두운 곳에서 억눌린 채 울고 있었다. 자신이 부족할 때도 괜찮다고 충분히 다독여줄 수 있었다면, 눈에 띄지 말고 얼른 숨으라고 닦달하지 않았다면 달랐을 것이다. 뭔가를 잘하든 못하든 아무 상관없다고, 넌 무조건 옳다고, 네가 무슨 짓을 해도 내가 평생 너를 사랑해주겠다고 말했다면 좋았을 것이다. 그동안 학대해온 나 자신에게 사과를 건넬 수도 있다.

'난 평생 네 완벽한 팬이야. 난 너의 완벽한 울타리고 네가 원한다면 그 어떤 것도 하게 해줄 거야. 네가 원한다면 그 어떤 사랑이라도 네게 줄 거야. 평생 한결같이 너를 사랑해줄 거야. 언제나 네가 옳다고 믿고 말해줄 거야. 네가 울고 싶을 땐 네 옆에 있어줄 거야. 내가 너를 안아줄 거야.'

조건적 사랑과 무조건적 사랑의 표현은 울림 자체가 다르다. 직접 해보면 금세 알 수 있다. "네가 예뻐서 사랑해, 넌 사랑받을 자격이 충분해."라고 말하는 것과 "네가 예쁘든 안 예쁘든 사랑해."라고 말하는 것은 다르다. 어떤 사랑을 받고 싶은가? 우리가 지향해야 할 방향은 무조건적 사랑이다.

자신을 사랑해주지 않으면서 끊임없이 덧없는 외부의 조건만을 추구했으니 아무 의미가 없었던 것이다. 드디어 우리는 영혼이 갈구해온 사랑을 찾았다. 그 사랑은 끊임없이 장점을 찾아내서 사랑해주는 조건부가 아니라 단점을 직면하고도 무조건 내 안으로 통합하는 일이다. 그냥, 이유 없이 어떤 경우에도 사랑해주는 것이다.

우리는 내가 하는 모든 게 옳다고 믿어주고 그렇게 말해주기를 원했다. 아무 판단도 내리지 않고, 비난하지 않고, 억압하지도 저항하지도 말고 그냥 같이 있어주는 것. 그런 사랑을 우리 모두는 원했다. 자신이 원하는 사랑을 스스로 주는 법을 터득하게 되면 더 이상 외부의 존재에 집착하지 않게 된다. 이미 자신이 해주고 있기에, 그 사랑이 자신을 충분히 치유해주기에 외부의 인정이 필요 없어지는 것이다. 역설적이게도 아무런 목마름이 없는 풍요로운 상태에서 인간관계는 더욱 풍요로워질 것이다.

무조건적
사랑의 맹세

"나는 너를 이해하고 인정해. 나는 이제부터 맹세해. 평생 너의 감정을 이해하고 따라가며 같이 있어주고 지지해줄게. 이건 평생의 맹세이고 평생의 약속이야. 나는 오늘 이 순간부터 평생 너를 사랑할 거야.

사랑해. 네가 최고건 아니건, 다른 사람이 인정해주건 아니건, 착하건 못됐건 사랑받을 만한 성격이건 아니건, 돈을 잘 벌건 못 벌건, 열심히 하건 안 하건, 이성에게 사랑받을 성격이건 아니건, 너를 사랑해주는 연인이 있건 없건, 누가 너를 미워하건 말건, 누가 너를 비난하건 말건, 최고이건 아니건, 피부가 좋건 나쁘건, 젊건 아니건, 양보를 하건 안 하건, 배려심 많건 이기적이건, 멋있건 한심하건, 네가 무슨 짓을 하건, 사람들이 너에게 뭐라고 욕을 하건, 뭐라고 너의 흠을 찾아내건, 사교성 있건 아니건, 사람들이 좋아해주건 아니건, 뭔가를 잘하건 못하건 사랑한다.

너는 지금 완벽하고 사랑스럽다. 그동안 분별하며 너를 미워해서 미안해. 사랑스럽지 않다고 믿어서 미안해. 더 잘해야, 더 인정받아야만 사랑받을 가치가 있다고 너를 오해해서 미안해. 내가 더 많이 사랑해줄게. 매일 더 많이 안아주고 아껴줄게. 사랑한다."

무조건적인 사랑을 자신에게 제대로 주기 시작하면 뭔가 필요하다는 생각이 전혀 들지 않는다. 더 이상 바라는 것도 없고, 필요한 것도 없다. 다 내가 나에게 주니까. 비관적인 전망으로 인한 무기력도 없다. 처음에는 아무것도 할 필요가 없어서 길을 잃은 듯한 기분이 들 수도 있다.

그런데 그 전환기가 지나면 진짜 자신의 욕구를 발견하게 된다.

그동안 남들에게 인정받는 것이 유일한 동기였던 욕구들은 사라지고, 정말로 내가 하고 싶은 것들을 찾을 수 있게 된다. 남들이 알아주지 않아도, 돈을 많이 벌 수 없어도, 내가 즐거워하는 일을, 오로지 나 자신의 기쁨을 위해 추구할 수 있게 되는 것이다.

우리는 상처받은 자신을 숨기기 위해 돈, 성공, 관심을 원했지만 그것들이 결코 스스로를 만족시킬 수 없다는 걸 마음속 깊은 곳에서 알고 있었다. 덧없다는 느낌은, 그 모든 외부 조건이 가면이고 '진짜 나'가 아니며 그런 성공을 해봤자 속은 곪아 있음을 알고 있다는 뜻이었다. 외부에서 무언가 얻기를 원하는 건 나 자신에 대한 무조건적 사랑이 부족해서였는지도 모른다. 외부의 것들이 있어야 내가 사랑받고 행복하고 인정받을 거라 믿었기 때문이다.

스스로 자신에게 주지 못하는 사랑을 타인에게 갈구하는 경우가 많다. 타인이 따스한 말로 위로해주기를 원하지만 정작 자기 스스로 그렇게 하지 못한다. 자신을 제일 모질게 꾸짖는 것은 자기 자신이다. 하지만 우리는 모두 자기 자신의 양육자가 될 수 있다. 포기하지 않고 연습한다면, 낯간지럽게 느껴졌던 자기와의 대화에서 어느새 안정감을 느끼는 날이 올 것이다.

스스로의 양육자가 되어주겠다고 결심하는 날, 자신은 새로 태어난 한 살임을 기억하라. 지금까지의 나이는 잊어버려야 한다. 그래서 그 한 살짜리 아이가 내 의지대로 따라주지 않거나 금방 포기하고 싶어 한다고 해도 인내심을 가져야 한다. 한 살짜리 아이는 그

럴 수 있기 때문이다. 타인의 인내심을 기대할 것이 아니라 내 자신의 한심함에 인내심을 가져야 한다.

아이는 매일매일 새로운 인생을 경험하고 있기 때문에 당연히 모든 일에 서툴다. 지금껏 몇십 년을 살았어도, 한 번도 스스로의 양육자가 되어준 적이 없고 외부의 누구도 따뜻한 양육자가 되어주지 못했기 때문에 당연히 엉망일 것이다.

우리는 가장 듣고 싶었던 위로와 인정을 스스로에게 줄 수 있다. 내 안에 충실한 양육자를 지니면서 그와의 신뢰관계를 돈독히 할 수 있다면, 더 이상 자신을 다독이기 위해 타인을 찾아 헤매지 않아도 된다는 사실을 깨닫게 될 것이다.

당신은 이유 없이
완벽하다

사람들의 행동을 가만히 지켜보면, 어느 순간 모든 사람이 무조건적인 사랑을 갈구하고 있음을 알게 된다. 위로를 구하는 모든 사람들이 얼마나 무조건적 사랑을 원하는지, 다른 사람을 기쁘게 하려고 자신을 희생하는 사람이 마음속으로는 얼마나 아무 이유 없이 사랑받기를 원하는지가 보인다. 먼저 나 자신을 있는 그대로 받아들일 수 있게 되면 그 모든 이를 연민의 눈길로 바라볼 수 있게 될 것이다.

변화를 위해서는 아무것도 아닌 자신을 견딜 줄 알아야 한다. 내가 획득한 조건이 곧 나의 가치를 의미하지는 않는다고 인식할 필요가 있다. 의미 없는 행위를 놓아버리고 스스로 원하는 것을 탐구할 시간이 주어지면, 모든 결과를 스스로 책임지겠다고 선언하라. 새로운 결정을 내리기 전, 그 어떤 결과가 오더라도 누구도 탓하지 않고 스스로 책임질 자신이 있는지 스스로에게 물어보라.

실패를 책임질 자신이 없다면 살던 대로 살 것이고, 어떤 결과도 받아들일 준비가 되어 있다면 못할 일이 없을 것이다. 스스로 책임을 질 수 있는 사람인지 아닌지는 누구보다도 자신이 가장 잘 안다. 그러니 어느 쪽을 선택하면 행복할지도 자신이 가장 잘 알고 있다.

당신은 그 많은 일 속에서도 잘 살아남았다. 당신은 그렇게 강하다. 거짓 자아 뒤에 가려진 자신의 본질을 보라. 그건 당신만이 가질 수 있는 것이다. 그 상처받은 본질에게 평생 무한한 사랑을 주는, 자신과의 연애를 시작해야 한다. 무언가를 죽을 만큼 이루고 싶었던 건, 그만큼 간절했던 건 전부 거짓 자아를 위해서였는지도 모른다.

결함 있는 자신을 가리기 위한 가면에 그토록 매달려왔던 과거를 놓아야 한다. 이제는 덧없는 가면 바꿔치기를 그만두고 내면의 정원을 가꿀 때다. 감정만큼 자신을 잘 보여주는 것은 없다. 이제 외면하기를 그만두고 감정에게 가장 큰 관심을 쏟아야 한다. 집중적으로 당신의 솔직한 느낌을 바라보고 함께 머물러야 한다. 모든 조건을 떼어낸, 아무것도 아닌 당신은 이유 없이 완벽하다. 인간이 원하는 것은 단 하나, 무조건적인 사랑밖에 없다.

그럼에도 불구하고, 나를 사랑한다는 말

사람들마다 인생에 나타나는 반복된 양상이 있다. 그 반복된 양상은 내가 무엇을 문제로 여기는지, 내 상처가 무엇인지를 보여준다. 인생에서 나타나는 문제를 통해 나 자신의 문제를 잘 알 수가 있다. 아무 이유 없이 나를 사랑한다는 건 있는 그대로의 나를 통째로 받아들인다는 뜻이다.

인생을 통째로 받아들이듯이, 나 자신을 통째로 받아들여야 한다. 남들에게 내놓기 싫은 한심하고 어두운 모습도 내 것으로 받아들일 수 있을 때, 나 자신을 통째로 받아들이는 것이다. 아무것도 아닌 나는 결코 한심한 나의 동의어가 아니다. 나 자신을 격하하고 비하하는 표현도 아니다. 단지 나를 설명하는 모든 수식어와 조건을 제외한 나이다. 모든 조건을 제외한 나를, 그럼에도 불구하고 사랑할 수 있겠는가?

내 마음이 원하는 말은 하나뿐이다. 조건부 사랑에 마음이 요동치는 순간이 올 때마다, 눈을 감고 이 말을 가만히 되뇌어보라. '그럼에도, 나를 사랑한다'고.

그럼에도, 나를 사랑한다

ⓒ 임서영 2018

2018년 5월 23일 초판 1쇄 인쇄
2018년 5월 30일 초판 1쇄 발행

지은이 | 임서영
발행인 | 이원주
책임편집 | 최안나
책임마케팅 | 문무현

발행처 | (주)시공사
출판등록 | 1989년 5월 10일(제3-248호)

주소 | 서울시 서초구 사임당로 82(우편번호 06641)
전화 | 편집(02)2046-2861·마케팅(02)2046-2894
팩스 | 편집·마케팅(02)585-1755
홈페이지 | www.sigongsa.com

ISBN 978-89-527-9086-6 03180

이 도서의 국립중앙도서관 출판예정도서목록(CIP)은 서지정보유통지원시스템 홈페이지
(http://seoji.nl.go.kr)와 국가자료공동목록시스템(http://www.nl.go.kr/kolisnet)
에서 이용하실 수 있습니다. (CIP제어번호: CIP2018014583)